AF896315

Wettbewerbsrecht

Von Dr. Astrid Doerry und
Dr. Hermann Stech

Inhaltsverzeichnis

Seite

Seite

A. Allgemeiner Teil

I. Die Wettbewerbsordnung

Das Grundgesetz schreibt nach heutiger Meinung keine bestimmte Wettbewerbsverfassung vor; wohl aber steht die in der Bundesrepublik verfolgte soziale Marktwirtschaft im Einklang mit der Verfassung. Dadurch, daß eine Vielzahl von Wettbewerbern Waren und Dienstleistungen anbietet, soll die Versorgung der Bevölkerung gewährleistet sein. Dadurch, daß die Anbieter miteinander im Wettbewerb stehen, soll die Versorgung zu möglichst günstigen Bedingungen und Preisen erfolgen. Der Wettbewerb, in dem sich auch die Persönlichkeit der Anbietenden entfaltet, führt zu Auswüchsen. Der Gesetzgeber erfaßt solche Auswüchse, die er wegen ihrer Unlauterkeit nicht toleriert oder die eine besondere Gefahr für den lauteren Wettbewerb darstellen. Regelungsgrundlage hierfür ist das Gesetz gegen den unlauteren Wettbewerb (UWG) vom 07.06.1909 und Änderungen. Das Recht gegen den unlauteren Wettbewerb kann man auch als „Wettbewerbsrecht" im engeren Sinne bezeichnen; es bekämpft ein „qualifiziertes Zuviel" an Wettbewerb.

Neben den Gefahren des „qualifizierten Zuviel" steht das Problem eines „qualifizierten Zuwenig" an Wettbewerb: die grundsätzlich herrschende Vertragsfreiheit ermöglicht es den Wettbewerbern, sich zu Lasten der Abnehmer auch darüber zu einigen, daß sie nur zu bestimmten Bedingungen und/oder Mindestpreisen (Festpreisen) verkaufen bzw. leisten wollen. Die Vertragsfreiheit läßt also an sich die Bildung von Konditionen- und Preiskartellen zu. Dem wirkt das Gesetz gegen Wettbewerbsbeschränkungen aus dem Jahre 1957 (Kartellgesetz, GWB, in der Fassung der Bekanntmachung vom 24. 09. 1980 und Änderungen)[1] entgegen, indem bestimmte Kartellverträge und -beschlüsse, Empfehlungen, abgestimmte Verhaltensweisen und sonstige Beschränkungen wirtschaftlicher Machtbildung für unwirksam erklärt bzw. als Ordnungswidrigkeiten geahndet werden. Im Rahmen der Europäischen Wirtschaftsgemeinschaft enthalten die Artikel 85 ff. des EWG-Vertrages ein besonderes Kartellrecht des Gemeinsamen Marktes, das dem nationalen Recht, also dem GWB vorgeht.

Der Anbieter hat also im Wettbewerb den (teilweise) schmalen Pfad den Vorschriften des UWG und des GWB zu beschreiten. Die Regelungsbereiche des UWG und des GWB bilden wesentliche Rahmenbedingungen des Wettbewerbs, d. h. der Wettbewerb wird eingegrenzt (durch das UWG) und stimuliert (durch das GWB), so daß „zwischen" beiden ein Freiraum bleibt.

1 Vgl. RLV. VII C.I.8

II. Der Gegenstand des Wettbewerbsrechts

Der vorliegende Beitrag betrifft das Wettbewerbsrecht im engeren Sinn, wie er durch das Stichwort „UWG" gekennzeichnet ist. Gegenstand des Wettbewerbsrechts ist der wirtschaftliche Wettbewerb. Seine Eigenart besteht ebenso wie diejenige des sportlichen Wettkampfes in der Rivalität mehrerer um ein gemeinsames Ziel, hier zumindest die Erhaltung und nach Möglichkeit den Ausbau der Marktstellung. Wie der sportliche Wettkampf soll auch der wirtschaftliche Wettbewerb der besten Leistung zum Sieg verhelfen, im Gegensatz zu ihm jedoch nicht mit dem Sieg eines oder einer kleinen Gruppe über die Konkurrenten enden, denn mit der Bildung marktbeherrschender Unternehmen, die Güte und Preis ihrer Leistung ausschließlich nach eigenem Gutdünken bestimmen können, ohne dabei Rücksicht auf Mitwettbewerber nehmen zu müssen, würde sich der Wettbewerb im Ergebnis selbst auflösen. Der Wettbewerb kann jedoch auch dadurch beschränkt sein, daß auf der Angebots- bzw. Nachfrageseite nur wenige (relativ große) Verkäufer bzw. Käufer auftreten (Oligopol). Von einem Monopol spricht man hingegen, wenn auf der Angebots- bzw. Nachfrageseite nur ein Verkäufer bzw. Käufer vorhanden ist.

Die für die juristische Betrachtung interessante Frage, worin der Wettbewerb besteht, ist damit freilich nicht beantwortet. Auch der Gesetzgeber hat an keiner Stelle definiert, was unter wirtschaftlichem Wettbewerb zu verstehen ist. Rechtswissenschaft und Rechtsprechung beantworten die Frage unterschiedlich, worauf im Rahmen dieser Darstellung nur hingewiesen werden kann (vgl. *Baumbach – Hefermehr, Wettbewerbsrecht,* 16. Auflage 1990, 1. Teil Allgemeine Grundlagen Rdn 6 ff.). Im **allgemeinen Sprachgebrauch** fassen wir unter **„Wettbewerb" alle auf den Abschluß von Geschäften gerichtete Handlungen konkurrierender Anbieter** zusammen, lassen dabei jedoch einen gerade für die juristische Erfassung des Phänomens Wettbewerb bedeutsamen Gesichtspunkt außer Betracht, nämlich die Freiheit der wirtschaftlichen Betätigung.

III. Das Regelungssystem des Wettbewerbsrechts

1. Bürgerlich-rechtliche Grundlagen

Auch der Wettbewerber steht unter den allgemeinen Vorschriften des Rechts der unerlaubten Handlungen des BGB.[2] Hier greifen gegebenenfalls § 826 BGB (sittenwidrige vorsätzliche Schädigung) und/oder § 823 Abs. 1 BGB (Schutz absoluter Rechte und Rechtsgüter) oder § 823 Abs. 2 BGB (Verstoß gegen ein Schutzgesetz) ein. Die einzelnen Verstöße werden im Abschnitt B behandelt.

2 Vgl. RLV.II.B.III.1

2. Insbesondere: Das Gesetz gegen den unlauteren Wettbewerb

Das Gesetz gegen den unlauteren Wettbewerb (UWG) stellt gegenüber den genannten Vorschriften des BGB die speziellere Regelung dar. Ein Verstoß gegen das UWG kann aber zugleich einen solchen gegen §§ 823, 826 BGB bedeuten. Dieses Spezialgesetz, das den lauteren Wettbewerb seit vielen Jahrzehnten gesichert hat, arbeitet zunächst mit der Generalklausel des § 1: „*Wer im geschäftlichen Verkehre zu Zwecken des Wettbewerbes Handlungen vornimmt, die gegen die guten Sitten verstoßen, kann auf Unterlassung und Schadenersatz in Anspruch genommen werden.*" Rechtsprechung und Wissenschaft haben im Rahmen dieser Generalklausel eine Menge von Einzeltatbeständen entwickelt, sozusagen die allgemeine Regel näher an die typischen Verstöße des täglichen Wirtschaftslebens herangebracht. Außerdem enthält das UWG selbst eine ganze Reihe spezieller Einzeltatbestände des unlauteren Wettbewerbs. Von beidem wird noch die Rede sein.

3. Zugabe- und Rabattrecht

Stellt, wie ausgeführt, das UWG gegenüber den genannten BGB-Bestimmungen die speziellere Regelung dar, so sind wiederum die Vorschriften der Zugabeverordnung vom 9.3.1932 mit späteren Änderungen und das Gesetz über Preisnachlässe (Rabattgesetz) vom 25.11.1933 mit späteren Änderungen speziellere Regelungen gegenüber dem UWG. Nach § 1 der Zugabeverordnung (ZugabeVO), die auch von Versicherungsunternehmen zu beachten ist, ist es grundsätzlich verboten, „*im geschäftlichen Verkehr neben einer Ware oder einer Leistung eine Zugabe (Ware oder Leistung) anzubieten, anzukündigen oder zu gewähren*". Nicht als verbotene Zugabe gelten z. B. als solche gekennzeichnete Reklamegegenstände von geringem Wert oder die Erteilung von Auskünften oder Ratschlägen. Als verbotene Zugabe gilt aber auch nicht, „*wenn zugunsten der Bezieher einer Zeitung oder Zeitschrift Versicherungen bei beaufsichtigten Versicherungsunternehmungen oder Versicherungsanstalten abgeschlossen werden.*" Mit dieser letztgenannten Vorschrift korrespondiert übrigens die Vorschrift des § 81 Abs. 4 VAG mit Aufsichtsbefugnissen der Aufsichtsbehörde auch gegenüber Verlagen, die „*Bezieher von ihnen verlegter Zeitungen oder Zeitschriften bei einem Versicherungsunternehmen versichert haben*" (sogenannte *Abonnentenversicherung*).

Werden gemäß § 1 Rabattgesetz (RabattG) „*im geschäftlichen Verkehr Waren des täglichen Bedarfs im Einzelverkauf an den letzten Verbraucher veräußert oder gewerbliche Leistungen des täglichen Bedarfs für den letzten Verbraucher ausgeführt, so dürfen zu Zwecken des Wettbewerbs Preisnachlässe (Rabatte) nur*" unter bestimmten, gesetzlich fixierten Voraussetzungen „*angekündigt oder gewährt werden.*" Die Dienstleistungen der Versicherungsunternehmen fallen jedoch nicht unter dieses Gesetz (so die amtliche Begründung; a. A. *Baumbach–Hefermehl*, a. a. O., § 1 RabattG, Rdnr 7).

4. Sonstige zivilrechtliche Rahmenbedingungen des Wettbewerbs

Praktische Bedeutung für den Wettbewerb haben ferner eine Reihe weiterer zivilrechtlicher Vorschriften. Hier ist zunächst der durch § 12 BGB begründete Schutz des absoluten Rechts am eigenen Namen zu nennen, ergänzt durch die §§ 17 ff. HGB über die Handelsfirma, also über den Namen, unter dem ein Kaufmann im Handel sein Geschäft betreibt und seine Unterschrift leistet (§ 17 Abs. 1 HGB), einschließlich des in § 37 HGB geregelten Firmenschutzes. In diesem Zusammenhang ist auch auf die durch das Gesetz über die Eintragung von Dienstleistungsmarken vom 29.01.1979 (Erweiterung des Warenzeichengesetzes) geschaffene Möglichkeit der Eintragung und damit verbunden des Schutzes von Dienstleistungsmarken und Ausstattungen für Dienstleistungen hinzuweisen. Hierdurch ist nunmehr auch den Versicherungsunternehmen gestattet, ihre Dienstleistungsmarken, das sind sehr häufig eine Firmenkurzbezeichnung oder ein Firmensymbol bzw. Bildzeichen, in die Klasse 36 der Klasseneinteilung von Waren und Dienstleistungen in die Zeichenrolle beim Deutschen Patentamt eintragen zu lassen. Die Eintragung gewährt dem Anmelder einen Unterlassungsanspruch gegen jeden, der die eingetragene Dienstleistungsmarke oder Ausstattung von Dienstleistungen widerrechtlich im Geschäftsverkehr benützt, bei schuldhafter Handlung besteht zudem ein Schadenersatzanspruch (§§ 24 f. WarenzeichenG).

Hierher gehören auch der in § 138 BGB niedergelegte Grundsatz der Nichtigkeit sittenwidriger Geschäfte sowie von Wuchergeschäften, das Schikaneverbot des § 226 BGB, das aus dem Grundsatz von Treu und Glauben (§ 242 BGB) hergeleitete Verbot der unzulässigen Rechtsausübung, das Wettbewerbsverbot für Handlungsgehilfen des § 60 HGB während der Laufzeit des Anstellungsvertrages sowie die nachvertraglichen Wettbewerbsverbote für Handlungsgehilfen, Vertreter und technische Angestellte in den §§ 74, 90 a HGB bzw. § 133 f Gewerbeordnung (GewO), ferner die Kreditgefährdungsvorschrift des § 824 BGB und schließlich § 1004 BGB, der als Grundlage des negatorischen und quasinegatorischen bürgerlich-rechtlichen Abwehranspruchs zusammen mit den vorstehenden und unter A.III.1 genannten Bestimmungen über den Schadenersatz den durch das UWG gewährleisteten Rechtsschutz ergänzt und abrundet.

Der guten Ordnung halber sei aber auch erwähnt, daß es für Allgemeine Versicherungsbedingungen praktisch keinen Schutz gegen Nachahmung gibt; §§ 823 ff. BGB, das Geschmacksmuster-, Patent- oder Gebrauchsmusterrecht bieten nämlich dem „Erfinder“, einem Versicherungsunternehmen, eines neuen Versicherungsangebots keinen Schutz davor, daß andere Versicherungsunternehmen dieselben Bedingungen verwenden bzw. gegebenenfalls die Genehmigung bei der Versicherungsaufsichtsbehörde beantragen (vgl. hierzu *Priester, Nachahmungsschutz für Dienstleistungsmodelle*, 1965).

Die Regelungsgrundlage für die unter A.III.1–4 genannten Normen ist das Zivilrecht, d. h. der Geschädigte hat einen zivilrechtlichen Anspruch auf Unterlassung und teilweise auch auf Schadenersatz gegen den Schädiger, den er vor den ordentlichen Gerichten durchsetzen muß.[3]

3 Vgl. RLV.IX.B. I–IV

5. Die öffentlich-rechtlichen Rahmenbedingungen des Wettbewerbs

(a) Ebenso wie das Zivilrecht zieht auch das öffentliche Recht[4] Rahmenbedingungen für den Wettbewerb. Hierzu ist insbesondere die Verordnung über Preisangaben vom 14.03.1985 (BGBl I S. 580) zu zählen, durch die derjenige, der Letztverbrauchern Waren oder Leistungen anbietet, verpflichtet wird, Preise einschließlich Umsatzsteuer und sonstiger Preisbestandteile bzw. bei Waren und Leistungen, deren Preise aufgrund von Tarifen oder Gebührenregelungen bemessen werden, in der durch Gesetz oder aufgrund eines Gesetzes festgesetzten oder behördlich genehmigten Form anzugeben. Die PreisangabenVO gilt auch für die Versicherungsunternehmen. In einer Verlautbarung hat das Bundesaufsichtsamt für das Versicherungswesen (BAV) (VerBAV 1974, S. 34, 1985, S. 300) Hinweise für die Anwendung der Verordnung durch die Versicherungsunternehmen gegeben, so ist z. B. an Stelle der Umsatzsteuer gegebenenfalls die Versicherungsteuer zu nennen, und es können die DM-Preise pro Leistungseinheit, z.B. die Beiträge pro 1 000 DM Versicherungssumme, zuzüglich eventueller Ratenzuschläge angegeben werden, die Preisverzeichnisse müssen bei den Versicherungsunternehmen zur Einsicht bereitliegen, wobei die Versicherungssuchenden durch einen deutlichen Hinweis auf die Einsichtsbefugnisse aufmerksam zu machen sind.

(b) Zu erwähnen sind in diesem Zusammenhang auch Vorschriften des Gewerberechts, z. B. über Maße und Gewichte, des Gesundheitsrechts, z. B. das Lebensmittel- und BedarfsgegenständeG, und des Arbeitsschutzrechtes,[5] z. B. das Ladenschlußgesetz, die jedoch für Versicherungsunternehmen praktisch ohne Bedeutung sind, während die Arbeitszeitordnung für Versicherungsunternehmen wie für jedes andere Unternehmen gilt. Die Arbeitszeitordnung legt die Höchstdauer der Arbeitszeit, z. B. 8-Stunden-Tag, 48-Stunden-Woche, fest und darf nicht mit der tarifvertraglichen Regelung der Arbeitszeit, z. B. durch Tarifvertrag für das private Versicherungsgewerbe[6] verwechselt werden.

Zuwiderhandlungen gegen öffentlich-rechtliche Normen werden mit Strafe oder mit Bußgeld geahndet.

IV. Das besondere Regelungssystem des Versicherungswettbewerbs

1. Vorbemerkung: Die Eigenart der Versicherungsmärkte

Es gibt keinen einheitlichen Versicherungsmarkt, sondern für jeden Versicherungszweig, gegebenenfalls auch für die einzelnen Versicherungsarten, einen Markt. Jeder Versicherungsmarkt ist, ökonomisch betrachtet, ein „Markt" wie viele andere auch. Auch auf ihm

4 Vgl. RLV.I.E
5 Vgl. RLV.XII.C
6 Vgl. RLV.XII.C.II.

begegnen sich Anbieter – Versicherungsunternehmen – und Nachfrager – Versicherungsinteressenten –, zwischen denen Leistungen, Bedingungen und Preise ausgehandelt werden; auch auf ihm konkurrieren Anbieter und Nachfrager jeweils untereinander, so daß sich der Wettbewerb ebenso wie auf anderen Märkten entwickeln könnte.

Die **Versicherungsmärkte** zeigen jedoch **einige typische Besonderheiten**[7], die der Eigenart des Versicherungsverhältnisses und der damit in enger Verbindung stehenden staatlichen Beaufsichtigung der Versicherungsunternehmen entspringen. Anders nämlich als auf Märkten, auf denen Waren oder Dienstleistungen sichtbar und sofort oder innerhalb überschaubarer, bestimmter Lieferfristen umgesetzt werden, erbringt der Anbieter auf den Versicherungsmärkten (zunächst nur) ein Versprechen auf Gefahrtragung, das sich erst dann zu einer Geld- (in einigen wenigen Versicherungszweigen auch in einer Sach-)leistung konkretisiert, wenn sich die im Versicherungsvertrag bestimmte Gefahr zu einem entschädigungspflichtigen Versicherungsfall konkretisiert hat.[8] Damit bleibt die Leistung des anbietenden Versicherers auf dem Einzelmarkt zunächst unsichtbar, während der Versicherungsnehmer seinerseits dem anbietenden Versicherer ein Entgelt (Prämie, Beitrag) verspricht, das regelmäßig im voraus zu bewirken ist, sei es als Einmalprämie oder sei es als wiederkehrende Leistung für aufeinanderfolgende Versicherungsperioden.

Anders als die gütererzeugende und güterverteilende Wirtschaft hat die Versicherungswirtschaft weder Rohstoffe und deren Fertigung noch Lagerhaltung zu finanzieren; ihr Kapitaleinsatz betrifft überwiegend Sicherheitsmittel (Rückstellungen und Rücklagen), Aufwendungen für im Geschäftsjahr bezahlte Versicherungsfälle und Personalkosten, einschließlich Arbeitsmittel, wie z. B. die Einrichtungen der elektronischen Datenverarbeitung. Dies setzt den Versicherer in den Stand, sein Angebot in den allgemeinen Grenzen seiner eigenen und der ihm von den Rückversicherern zur Verfügung gestellten Zeichnungskraft nahezu unbegrenzt zu vermehren (vgl. hierzu *Farny, Die Versicherungsmärkte*, 1961).

Beide Faktoren, nämlich die „Unsichtbarkeit" und die nahezu unbegrenzte „Vermehrbarkeit" des Versicherungsangebots haben dazu geführt, die Versicherungsunternehmen nicht der im Jahre 1869 geschaffenen Gewerbeordnung (Ausnahmeregelung in § 6 GewO), sondern einer speziellen Aufsicht durch das 1901 erlassene Gesetz über die Beaufsichtigung der Versicherungsunternehmen (VAG) zu unterwerfen. Das unter dem 13. 10. 1p83 neu bekanntgemachte Gesetz hat inzwischen durch die Entwicklung in der Europäischen Wirtschaftsgemeinschaft weitreichende Änderungen erfahren, die ihren Niederschlag insbesondere in dem Zweiten Durchführungsgesetz/EWG zum VAG vom 28. 06. 1990 erfahren haben. Unter dem Gesichtspunkt der Wahrung der Belange der Versicherten unterscheidet das Gesetz nunmehr nach der Schutzbedürftigkeit des Versicherungsnehmers und richtet danach den Umfang der Aufsicht aus[9].

7 Vgl. AVL.III.A.IV
8 Vgl. RLV.V.A.III.3
9 Vgl. RLV.VII

2. Aufsichts-Wettbewerbsrecht

Daraus, daß die Erstversicherungsunternehmen unter einer besonderen Staatsaufsicht stehen, ergibt sich zugleich eine besondere Verantwortlichkeit der Versicherungsaufsichtsbehörden für den Versicherungsmarkt und damit auch für den Wettbewerb. Das ist frühzeitig für den Bereich von Wettbewerbsverstößen im Sinne des „qualifizierten Zuviel", also des unlauteren Wettbewerbs im engeren Sinne erkannt worden, so daß die Versicherungsaufsichtsbehörde nicht nur Grundgedanken des UWG und des Deliktrechts des BGB für die Versicherungsmärkte spezialisiert aufgenommen, sondern darüber hinaus weitere und weitergehende Vorschriften über Wettbewerbsverstöße geschaffen hat. Leitgesichtspunkt war und ist auch hier die Wahrung der Belange der Versicherten, daneben steht das Erfordernis, den Geschäftsbetrieb des Versicherungsunternehmens mit den guten Sitten in Einklang zu halten. Gemäß § 81 Abs. 2 VAG kann die Versicherungsaufsichtsbehörde deshalb alle Anforderungen treffen, die geeignet sind, derartige Mißstände zu beseitigen.[10] Die Vielfalt dieser Anordnungen ist groß (vgl. hierzu die Übersicht bei *R. Schmidt – P. Frey, Prölss Versicherungsaufsichtsgesetz*, 10. Auflage 1989, § 81 Rdnr 60 ff.), sie reicht von allgemeinen Anordnungen, z. B. zur Ausspannung und Kündigungshilfe (siehe dazu auch unten B.III.2) über das Verbot der Werbung mit Danksagungen bis hin zu speziellen Anordnungen für einzelne Versicherungszweige, z. B. über die Werbung mittels Darstellung und Erläuterung der Überschußbeteiligung in der Lebensversicherung oder zum Erlaß von Wartezeiten in der Krankenversicherung. Hierzu zählen aber insbesondere auch die Anordnungen bzw. Verordnung über die sogenannten *Begünstigungsverträge* und das Verbot von Sondervergütungen.[11] Diese Vorschriften enthalten indessen eine wesentliche Komponente der materiellen Gerechtigkeit.

3. Verbands-Wettbewerbsrecht

Die Verbände der Wirtschaft sind in der Regel eingetragene Vereine im Sinne der §§ 21 ff. BGB.[12] Als solche haben sie die rechtliche Möglichkeit, ihre inneren Rechtsbeziehungen zwischen den Mitgliedern und dem Verband sowie zwischen Mitgliedern untereinander im Rahmen der Gesetze zu regeln (sogenannte Vereinsautonomie). Das ist seitens der Verbände der Versicherungswirtschaft[13] bezüglich des Wettbewerbs auf den Versicherungsmärkten geschehen. Zu nennen sind hier die Grundsätze für die Werbung von Unternehmen der Privaten Krankenversicherung (abgedruckt bei *R. Schmidt – P. Frey, Prölss Versicherungsaufsichtsgesetz*, 10. Auflage 1989, Anhang I zu § 81, Rdnr 9). Das „*Jenaer Abkommen*" der Hagelversicherer (abgedruckt bei *R. Schmidt–P. Frey, Prölss Versicherungsaufsichtsgesetz*, 10. Auflage 1989, Anhang I zu § 81, Rdnr 10) und die Wiesbadener Vereinigung, das Abkommen zur Durchsetzung aller geltenden Rechtsvorschriften über die Zahlung von Provisionen, Courtagen und sonstigen Vergütungen an Versicherungsvermittler. Einen besonderen Platz nehmen die sogenannten Wettbewerbsrichtlinien

10 Vgl. RLV. VII., C.I.7b
11 Vgl. RLV.VII. C.V.2d
12 Vgl. RLV.VI. A.I.4
13 Vgl. AVL.IV.

der Versicherungswirtschaft (aus dem Jahre 1967 mit Änderungen aus dem Jahre 1977; abgedruckt bei *R. Schmidt – P. Frey, Prölss Versicherungsaufsichtsgesetz*, 10. Auflage 1989, Anhang I zu § 81, Rdnr 8) ein, auch, weil sie nicht nur von dem Gesamtverband der Deutschen Versicherungswirtschaft e. V. und den Fachverbänden,[14] sondern gemeinsam mit Verbänden des Versicherungsaußendienstes, nämlich dem Bundesverband der Geschäftsstellenleiter der Assekuranz e. V. (VGA) und dem Bundesverband Deutscher Versicherungskaufleute e. V. (BVK)[15] erarbeitet worden sind (vgl. dazu im einzelnen unten B). Diese Vereinbarungen nehmen teilweise Rechtsgedanken des zivilrechtlichen Wettbewerbsrechts (vgl. oben A. III. 1–4) sowie teilweise solche des Aufsichts-Wettbewerbsrechts (oben A.IV.3) auf, teilweise wandeln sie diese Rechtsgedanken auch ab oder gehen gar über sie hinaus.

Diese Vereinbarungen sind nicht allgemein verbindlich, sondern gelten ausschließlich zwischen den an der Absprache beteiligten Verbänden und deren Mitgliedern; natürlich können und werden sie auch einzelvertraglich vereinbart, z. B. zwischen einem Versicherungsunternehmen und seinen Vertretern. Sie stellen also entweder autonomes Vereinsrecht mit Satzungscharakter dar, zu deren Durchsetzung im Streitfall bei fehlenden Sanktionsandrohungen Schlichtungsabkommen getroffen worden sind (vgl. *Reimer Schmidt, Zur rechtlichen Lage der Versicherungswirtschaft nach dem Gesetz gegen Wettbewerbsbeschränkungen*, 1960, S. 16 ff.), oder Vertragsrecht, dessen Verletzung durch einen Beteiligten die sich aus dem bürgerlichen Recht ergebenden Rechtsfolgen der Vertragsverletzung auslöst. Ob die Mißachtung des Verbandsrechts darüber hinaus als unlauterer Wettbewerb zu qualifizieren ist, etwa weil sich der Verletzer durch Ausnutzung der Vertragstreue der anderen Beteiligten einen Vorsprung im Wettbewerb verschaffen will, richtet sich allein danach, ob zugleich ein Verstoß z. B. gegen das UWG oder gegen aufsichtsrechtliche Anordnungen vorliegt. Dabei sind die Wettbewerbsrichtlinien allerdings insofern von nicht zu unterschätzender Bedeutung, als sie die Verkehrsauffassung umreißen und einen Rückschluß auf das Anstandsgefühl der an den Wettbewerbsabkommen beteiligten Verkehrskreise zulassen.

Die Wettbewerbsrichtlinien der Versicherungswirtschaft sind ebenso wie andere den Wettbewerb betreffende Vereinbarungen vom Gesamtverband der Deutschen Versicherungswirtschaft bzw. den zuständigen Fachverbänden gemäß § 102 GWB[16] gemeldet worden. Nachdem das Bundeskartellamt (BKA) gegen einzelne Bestimmungen der Richtlinien Bedenken geäußert hatte, sind diese im Jahre 1977 durch Änderungen zu den Ziffern 7, 8, 29, 30, 53, 68 und 69 ausgeräumt worden. Aus dem Umstand, daß das BKA die Wettbewerbsrichtlinien nicht als mißbräuchlich im Sinne des § 102 GWB betrachtet, ist zugleich der Schluß zu ziehen, daß sie auch dann, wenn sie im Einzelfall, z. B. bei der Zulässigkeit der vergleichenden Werbung (Ziffer 30) über die Anforderungen nach dem UWG hinausgehen, dennoch kein „qualifiziertes Zuwenig“ an Wettbewerb (vgl. oben A.I) darstellen.

14 Vgl. AVL IV. B.I
15 Vgl. AVL IV. B.V
16 Vgl. RLV. VII. C.I.8b

4. Versicherungs-Kartellrecht

Wie unter A. I ausgeführt, gehört auch das Kartellrecht zum Wettbewerbsrecht im weiteren Sinne. Den Besonderheiten des Versicherungsmarktes (vgl. oben A.IV. 1) trägt das GWB dadurch Rechnung, daß es mit § 102 GWB eine Sonderregelung für Tatbestände trifft, *„die auf Grund eines Gesetzes der Genehmigung oder Überwachung ..., durch das Bundesaufsichtsamt für das Versicherungswesen oder durch die Versicherungsaufsichtsbehörden der Länder unterliegen"*. Verträge und Empfehlungen von Versicherungsunternehmen sowie Beschlüsse und Empfehlungen von Versicherungsverbänden, die die genannten Tatbestände betreffen, unterliegen nämlich dann nicht dem sonstigen Verbot nach dem GWB, wenn sie der Kartellbehörde gemeldet und mit einer Begründung versehen sind. Aus der Begründung muß sich ergeben, daß die genannten Kartelle, Beschlüsse oder Empfehlungen *„geeignet und erforderlich sind, die Leistungsfähigkeit der beteiligten Unternehmen in technischer, betriebswirtschaftlicher oder organisatorischer Beziehung, insbesondere durch zwischenbetriebliche Zusammenarbeit oder durch Vereinheitlichung von Vertragsbedingungen zu heben oder zu erhalten und dadurch die Befriedigung des Bedarfs zu verbessern; der zu erwartende Erfolg muß in einem angemessenen Verhältnis zu der damit verbundenen Wettbewerbsbeschränkung stehen."* Sie werden wirksam, wenn die Kartellbehörde der Anmeldung nicht innerhalb von 3 Monten widerspricht oder zuvor mitteilt, daß sie nicht widerspricht. Im übrigen unterliegen die Versicherungsunternehmen voll dem GWB.[17]

Anders als das nationale Kartellrecht, also das GWB, sieht das Kartellrecht nach dem EWG-Vertrag (Art. 85 ff.) keine Sonderregelung für Versicherungsunternehmen vor. Gemäß Art. 85 Abs. 1 EWG-Vertrag sind mit *„dem Gemeinsamen Markt unvereinbar und damit verboten"* . . . *„alle Vereinbarungen zwischen Unternehmen, Beschlüsse von Unternehmensvereinigungen und aufeinander abgestimmte Verhaltensweisen, welche den Handel zwischen Mitgliedstaaten zu beeinträchtigen geeignet sind und eine Verhinderung, Einschränkung oder Verfälschung des Wettbewerbs innerhalb des Gemeinsamen Marktes bezwecken oder bewirken"*. Da das EWG-Kartellrecht gegenüber dem nationalen Recht Vorrang genießt, sind Kartelle, Beschlüsse oder Empfehlungen, die gemäß § 102 GWB vom Verbot freigestellt werden können, dennoch nach Art. 85 Abs. 1 EWG-Vertrag verboten, wenn es sich um Tatbestände handelt, die einerseits grenzüberschreitend wirken und andererseits den Handel spürbar zu beeinträchtigen in der Lage sind (*R. Schmidt – P. Frey, Prölss Versicherungsaufsichtsgesetz,* 10. Auflage 1989, Anhang II zu § 81, Rdnr 46 ff.). Die Frage, wann eine Grenzüberschreitung vorliegt, ist vom EuGH (RS 45/85 vom 27. 01. 1987, Ziff. 48, VersR 1987, S. 169 ff.) dahingehend beantwortet worden, daß diese nicht dadurch ausgeschlossen ist, daß die wettbewerbsbeschränkende Maßnahme sich an die inländische Niederlassung eines ausländischen Versicherers richtet, da *»dadurch doch die finanziellen Beziehungen zwischen der Zweigniederlassung und der Muttergesellschaft berührt werden"* könnten; *„dies gilt ungeachtet des Grades der rechtlichen Unabhängigkeit der Zweigniederlassung."* Damit hat das EWG-Kartellrecht unmittelbare Bedeutung für die Versicherungswirtschaft erhalten. Da aber auch hier inzwischen die Notwendigkeit erkannt worden ist, gewisse Tatbestände vom Kartellverbot auszunehmen, weil die Zusammenarbeit zwischen Versicherungsunternehmen für das ordnungsgemäße Funktionieren der Versicherungswirtschaft bis zu einem gewissen Grad wünschenswert ist und dies gleichzeitig zur

17 Vgl. hierzu im einzelnen RLV.VII.C. I. 8

Wahrung der Interessen der Verbrauchern beitragen kann, hat der Rat der Europäischen Gemeinschaften die Verordnung (EWG) Nr. 1534/91 vom 31. 05. 1991 »über die Anwendung von Artikel 85 Absatz 3 des Vertrages auf bestimmte Gruppen von Vereinbarungen, Beschlüssen und aufeinander abgestimmte Verhaltensweisen im Bereich der Versicherungswirtschaft" (AmtsBl. der Europ. Gem. Nr. L 143/1 vom 7. 6. 91) erlassen. Mit dieser VO wird die EG-Kommission ermächtigt, Vereinbarungen, Beschlüsse und aufeinander abgestimmte Verhaltensweisen vom Verbot auszunehmen. »Dies gilt insbesondere für Vereinbarungen, Beschlüsse und abgestimmte Verhaltensweisen, welche die Erstellung gemeinsamer, auf gegenseitig abgestimmten Statistiken oder dem Schadenverlauf beruhender Risikoprämientarife, die Erstellung von Mustern für allgemeine Versicherungsbedingungen, die gemeinsame Deckung bestimmter Arten von Risiken, die Abwicklung von Schadensfällen, die Prüfung und Anerkennung von Sicherheitsvorkehrungen, die Erstellung von Verzeichnissen und den Austausch von Informationen über erhöhte Risiken zum Gegenstand haben" (so die Präambel der VO).

V. Der Anwendungsbereich des Wettbewerbsrechts

Der **räumliche Geltungsbereich** des Wettbewerbsrechts beschränkt sich auf das Gebiet der Bundesrepublik und West-Berlin. Ob es auch für Wettbewerbsverstöße gilt, die Ausländer innerhalb dieser Grenzen oder Inländer im Ausland begehen, ist nach den Kollissionsvorschriften des internationalen Privatrechts zu beurteilen. Danach ist ebenso wie bei unerlaubten Handlungen das Recht des Begehungsortes maßgebend. Anders als dort ist der Begehungsort jedoch nicht der Ort der Handlung oder des Erfolgseintritts, sondern dort anzunehmen, wo es zum Interessenkonflikt mit den Mitbewerbern kommt (BGHZ 35, S. 329 (334)). Tritt dieser, wie z. B. bei einer sich über mehrere Länder erstreckenden Werbung, an mehreren, teils im Inland, teils im Ausland liegenden Stellen auf, ist dieselbe Wettbewerbshandlung jeweils nach dem Recht der einzelnen Begehungsorte, möglicherweise also mit unterschiedlichen Ergebnissen zu beurteilen.

Der **personelle Geltungsbereich** des Wettbewerbsrechts ist weit gespannt. Er gilt ohne Beschränkung auf Berufsgruppen oder Gewerbezweige für alle rechtsfähigen und, soweit es strafrechtliche Sanktionen begründet, deliktsfähigen, natürlichen oder juristischen Personen des privaten oder öffentlichen Rechts sowie die diesen weitgehend gleichgestellten Gesellschaften des Handelsgesetzbuches.

Der **sachliche Geltungsbereich** des Wettbewerbsrechts wird durch die Generalklausel des § 1 UWG maßgebend bestimmt. Danach haftet nur, *„wer im geschäftlichen Verkehr zu Zwecken des Wettbewerbes Handlungen vornimmt, die gegen die guten Sitten verstoßen,...".*

Das Wettbewerbsrecht schützt also nicht gegen unlauteres Geschäftsgebaren schlechthin, sondern nur gegen verbotene Handlungen im wirtschaftlichen Wettbewerb. Hierunter verstehen wir jedes Verhalten, das auf den Abschluß von Geschäften gerichtet und nach der Verkehrsauffassung geeignet ist, den eigenen Absatz oder den eines anderen zum Nachteil der Mitbewerber zu fördern (BGHZ 3, S. 277). Die Wettbewerbshandlung kann also nur von einem Wettbewerber oder von einem Dritten für einen Wettbewerber gleichsam als Wettbewerber in fremdem Interesse begangen werden.

Zum **objektiven Tatbestand der Wettbewerbshandlung** gehört ferner, daß sie sich unmittelbar oder mittelbar gegen Mitbewerber, aber auch gegen die sonstigen Beteiligten am Markt und die Allgemeinheit richtet. Damit hat sich das UWG über den Individualschutz von einzelnen Mitbewerbern hinaus zu einer sozialen Schutzfunktion entwickelt (*Baumbach – Hefermehl*, a.a.O., UWG Einleitung Rdnr 40 ff.). Dieser Gedanke kommt insbesondere in § 13 UWG zum Ausdruck, der jedem Gewerbetreibenden, der Waren oder Leistungen gleicher oder verwandter Art vertreibt, aber auch rechtsfähigen Verbänden zur Förderung gewerblicher Interessen, rechtsfähigen Verbänden, zu deren satzungsgemäßen Aufgaben es gehört, die Interessen der Verbraucher durch Aufklärung und Beratung wahrzunehmen, jedoch nur, soweit der Anspruch eine Handlung betrifft, durch die wesentliche Belange der Verbraucher berührt werden, sowie den Industrie- und Handelskammern bzw. den Handwerkskammern einen Unterlassungsanspruch zubilligt. Dieser Anspruch kann jedoch nicht geltend gemacht werden, wenn er sich als mißbräuchlich erweist, insbesondere, wenn er überwiegend dazu dienen soll, einen Anspruch auf Ersatz von Aufwendungen oder Kosten der Rechtsverfolgung gegen den Zuwiderhandelnden entstehen zu lassen. Damit soll den sogenannten Gebühren- und Abmahnvereinen Einhalt geboten werden.

In **subjektiver Hinsicht** verlangt der Tatbestand der Wettbewerbshandlung die Absicht, den eigenen oder fremden Wettbewerb zu fördern. Daß sich der Wettbewerbtreibende der Förderung nur bewußt ist, genügt nicht. Andererseits muß die Absicht nicht die beherrschende Triebkraft des Handelns sein; sie darf nur nicht hinter anderen Beweggründen als völlig nebensächlich zurücktreten. Liegt der objektive Tatbestand einer Wettbewerbshandlung vor, ist nach der Lebenserfahrung regelmäßig zu vermuten, daß die Handlung von einer entsprechenden Absicht getragen ist. Die Schwierigkeiten, die der Nachweis subjektiver Umstände sonst bereitet, sind dadurch weitgehend ausgeräumt. Hat ein Gewerbetreibender etwas getan, was objektiv geeignet ist, den eigenen Wettbewerb zum Nachteil seiner Konkurrenten zu fördern, muß er die Vermutung seiner Absicht widerlegen. Je augenfälliger die Wettbewerbseignung seiner Handlung ist, desto weniger wird ihm dies gelingen.

VI. Verbotene Wettbewerbshandlungen

Die verbotenen Wettbewerbshandlungen lassen sich in zwei Fallgruppen gliedern, den unlauteren Wettbewerb und den unerlaubten. Zur ersten Fallgruppe gehören die Wettbewerbshandlungen, die das Anstandsgefühl verletzen, zur zweiten diejenigen, die ohne deshalb unlauter zu sein, gegen reine Ordnungsvorschriften zur Aufrechterhaltung eines geordneten Geschäftsverkehrs verstoßen.

1. Die unerlaubte Wettbewerbshandlung

Dabei handelt es sich insbesondere um die für die Versicherungswirtschaft weniger interessanten Bestimmungen der §§ 6–8 UWG über Sonderveranstaltungen, wie z. B. Ausverkäufe, Räumungs-, Saison-, Schluß- oder Konkursverkäufe, sowie um die Bestimmungen zum Schutz der Firma und besonderer Geschäftsbezeichnungen gegen Nachahmung (§§ 12 BGB, 37 HGB, 16 UWG), die Zugabeverordnung und das Rabattgesetz. Diese Ornungsvorschriften erfassen bestimmte, klar umrissene Tatbestände, so daß die Feststellung der unerlaubten Wettbewerbshandlung in der Regel keine Schwierigkeiten bereitet.

2. Der unlautere Wettbewerb

Anders verhält es sich mit der ersten Fallgruppe. Welche Wettbewerbshandlungen lauter, welche unlauter sind und wo die Grenze zwischen lauterem und unlauterem Wettbewerb gezogen werden muß, ist das Kernproblem des klassischen Wettbewerbsrechts; denn die Vielfalt der Wettbewerbshandlungen und die Zeitbedingtheit der Anschauungen schließen einen bestimmten, eindeutigen Maßstab als Beurteilungsgrundlage aus. Der Gesetzgeber versucht, das Problem mit der Generalklausel des § 1 UWG zu lösen, die an den unbestimmten Rechtsbegriff der guten Sitten aus den §§ 138, 826 BGB anknüpft.

Was den guten Sitten entspricht, ist nach der in Literatur und Rechtsprechung immer wiederkehrenden Formel *„dem Anstandsgefühl aller billig und gerecht Denkenden zu entnehmen"*. Der Gegenstand des Wettbewerbsrechts fordert allerdings eine Einschränkung dieses für das allgemeine bürgerliche Recht geltenden Maßstabes. Ob eine Wettbewerbshandlung eines Versicherungskaufmannes als unlautere Behinderung seines Mitbewerbers zu werten ist, kann nicht vom sittlich-rechtlichen Bewußtsein der Allgemeinheit abhängen, also auch derjenigen, die keinen Einblick in die Zusammenhänge besitzen und die praktische Bedeutung der Fragestellung infolgedessen nicht übersehen. Um zu einem dem Wesen des Wettbewerbs gerecht werdenden Urteil zu kommen, muß deshalb auf das sittlich-rechtliche Empfinden der beteiligten Verkehrskreise abgestellt werden. Dabei hat das Ehrgefühl besonders feinfühliger Personen ebenso außer Betracht zu bleiben wie grobschlächtige Denkungsart. Auf Mehrheiten oder Minderheiten kommt es nicht an. Maßgebend ist allein das durchschnittliche sittlich-rechtliche Empfinden der verständigen und anständigen Kaufleute oder Verbraucher. Unlauter ist demzufolge nur diejenige Wettbewerbshandlung, die nach Inhalt, Zweck und Äußerung diesem Empfinden zuwiderläuft.

Trotz dieser Beschränkung bleibt der **Begriff der Sittenwidrigkeit unbestimmt.**

In der **Praxis** ist, von krassen, ins Auge springenden Verstößen gegen das Anstandsgefühl abgesehen, für gewöhnlich nur schwer festzustellen, wo die Grenze zwischen lauterem und unlauterem Wettbewerb verläuft, zumal die Auffassungen hierüber dem Wandel unterworfen sind. Was vor Jahren noch als anstößig empfunden wurde, kann heute lauterer Wettbewerb sein und umgekehrt.

Mehr noch als der **zeitbedingte Wandel des sittlich-rechtlichen Bewußtseins** erschweren jedoch die gegensätzlichen **Interessen der Beteiligten** die Feststellung der maßgebenden Durchschnittsauffassung. Der Produzent, der Zwischenhändler und der Verbraucher sehen ein und dieselbe Wettbewerbshandlung von ihrer Warte aus naturgemäß mit anderen Augen, ohne daß ein über oder zwischen ihnen stehender Beobachter deshalb schon von unbilliger oder ungerechter Denkungsart des einen oder anderen Teils sprechen könnte. Letztlich muß daher die Feststellung der zur Aufrechterhaltung eines geordneten Wettbewerbs erforderlichen Verhaltensnormen oft dem Richter überlassen bleiben. Das bedeutet freilich nicht, daß die Unterscheidung zwischen lauterem und unlauterem Wettbewerb von dessen persönlicher Auffassung abhängt. In Schrifttum und Rechtsprechung – in der Versicherungswirtschaft insbesondere in den veröffentlichten Rundschreiben und Sammelverfügungen der Aufsichtsämter – sind vielmehr Tatbestandsgruppen herausgebildet worden, in denen regelmäßig ein Verstoß gegen die guten Sitten zu erblicken ist, und daraus hat sich ein Schema von Verhaltensnormen und Richtlinien entwickelt, das der Generalklausel das erforderliche Maß an Rationalität verleiht und die Überprüfbarkeit der Rechtsfindung gewährleistet.

Dieses Schema kann allerdings nicht starr und unabänderlich sein, da dies der vom Gesetzgeber gewollten Elastizität der Generalklausel widersprechen würde. Seine Anwendung steht vielmehr – was wir bei der Erörterung der wichtigsten Tatbestandsgruppen erkennen werden –, von wenigen Ausnahmen abgesehen, unter dem Vorbehalt der besonderen Umstände des Einzelfalles. Wo solche Umstände die Anwendung der von Theorie und Praxis entwickelten Grundsätze ausschließen, bleibt vielfach nur die Möglichkeit, die Entscheidung über Lauterkeit oder Unlauterkeit einer Wettbewerbshandlung auf Grund einer Abwägung der schutzwürdigen Interessen der beteiligten Verkehrskreise zu treffen, wobei jeweils das Interesse den Ausschlag geben muß, dem nach allgemeinem sittlichen Empfinden der Vorrang gebührt.

Daß der Wettbewerber die Unlauterkeit seines Vorgehens kennt, ist nicht erforderlich. Andernfalls würde gerade der Skrupellose, der sich der Unlauterkeit seines Handelns nicht einmal bewußt ist, den Sanktionen entzogen, die das Wettbewerbsrecht an sein Verhalten knüpft. Der Verletzer muß aber die äußeren Tatumstände kennen, die bei objektiver Würdigung den Vorwurf der Unlauterkeit rechtfertigen; bedingter Vorsatz genügt dafür. Unkenntnis der äußeren Tatumstände, selbst wenn sie auf Fahrlässigkeit beruht, schließt dagegen die Feststellung unlauteren Wettbewerbs aus, es sei denn, der Wettbewerber habe sich der Kenntnis erheblicher Tatumstände bewußt verschlossen.

B. Das Wettbewerbsrecht im einzelnen

Das Nebeneinander von Generalklausel und Spezialnormen im Wettbewerbsrecht und die Vielgestaltigkeit der Wettbewerbsverstöße erschwert es, das Wettbewerbsrecht systematisch zu ordnen, erhöht aber auch die Notwendigkeit einer solchen Ordnung. Bei der Tragweite der Generalklausel und der Unbestimmtheit einzelner Tatbestandsmerkmale und maßgebender Rechtsbegriffe kann nur eine systematische Ordnung Zufallsentscheidungen und die damit verbundene Rechtsunsicherheit verhindern.

Wir folgen in dieser Darstellung dem System *Hefermehls*, der die Wettbewerbsverstöße nach der Art der Kampfmittel und ihrer Zielrichtung in die Tatbestandsgruppen gliedert: Kundenfang, Behinderung des Mitbewerbers, Ausbeutung, Rechtsbruch und Marktstörung (*vgl. Baumbach – Hefermehl,* a. a. O., Einleitung UWG Rdnr 160 ff.).

I. Kundenfang

Die Beeinflussung des Kunden mit dem Ziel, ihn zum Vertragsschluß zu veranlassen, gehört zum Wesen des Wettbewerbs und ist nicht zu beanstanden, solange sie *„sachlich mit ehrlichen und anständigen Mitteln"* erfolgt (Ziffer 1 der Wettbewerbsrichtlinien der Versicherungswirtschaft). Greift der Wettbewerber jedoch zu Mitteln, die die freie Willensentschließung des Kunden einschränken oder ausschließen, wird die Werbung um den Kunden zum anstößigen Kundenfang. Welche Methoden hierzu gehören, läßt sich nicht allgemeingültig beschreiben. Kennzeichnend für alle ist, daß der Kunde weniger durch die Mittel des Leistungswettbewerbes, die Güte oder Preiswürdigkeit der Leistung als auf unehrliche und unsachliche Weise zum Abschluß veranlaßt wird; die Entscheidung wird also „erschlichen, verfälscht oder erkauft". Zu den geläufigsten Methoden des Kundenfangs gehören die Irreführung, das Anreißen und die übersteigerte psychische oder physische Beeinflussung des Kunden.

1. Irreführung

a) Allgemeines

Äußerungen im Wettbewerb sollen wahr sein. Wer dieses Gebot verletzt, handelt rechtswidrig, selbst wenn er die Verletzung nicht erkannte oder erkennen konnte. War er sich ihrer bewußt oder hätte er sie erkennen können, trifft ihn darüber hinaus der Schuldvorwurf, der außer der Verpflichtung zum Schadenersatz strafrechtliche Sanktionen auslösen kann. Das gebieten neben den schutzwürdigen Interessen der Mitbewerber vor allem die Belange der Allgemeinheit; denn ihr würde durch Verfälschung des Wettbewerbs die Möglichkeit genommen, sich ein zuverlässiges Urteil über das Waren- und Leistungsangebot der Wettbewerber zu bilden, und infolgedessen unmittelbarer Schaden drohen.

Für die Versicherungswirtschaft gilt das Wahrheitsgebot in erhöhtem Maße. Da sie auf das Vertrauen der Versicherungsnehmer angewiesen ist, muß im Wettbewerb alles vermieden werden, was dieses Vertrauen stören, insbesondere einen unzutreffenden Eindruck über Leistung und Gegenleistung oder über die Person des Anbieters hervorrufen könnte (Ziffern 2, 23, 24 der Wettbewerbsrichtlinien, ferner *Baumbach – Hefermehl*, a.a.O., § 1 UWG Rdnr 5 ff.).

b) Unrichtige Angaben in öffentlichen Bekanntmachungen oder Mitteilungen

Im UWG kommt der Wahrheitsgrundsatz, von den Sondervorschriften der §§ 6 ff. z. B. über Konkursmassenverkäufe, Ausverkäufe, Räumungsverkäufe abgesehen, vor allem in den die Werbung betreffenden §§ 3 und 4 zum Ausdruck. Wer in öffentlichen Bekanntmachungen oder Mitteilungen, die für einen größeren Personenkreis bestimmt sind, über geschäftliche Verhältnisse unrichtige Angaben macht, die geeignet sind, den Anschein eines besonders günstigen Angebotes hervorzurufen, kann nach § 3 UWG auf Unterlassung und bei schuldhaftem Handeln auf Schadenersatz in Anspruch genommen sowie nach § 4 UWG mit Freiheits- und Geldstrafen bestraft werden. Ist der Abnehmer durch die unwahre oder irreführende Werbeangabe nach § 4 UWG zum Vertragsschluß bestimmt worden, so kann er vom Vertrag zurücktreten (§ 13a UWG). Angaben im Sinne dieser Bestimmungen sind Äußerungen, die sachlich nachprüfbar sind und deshalb Gegenstand einer Beweisaufnahme sein können. Auch Werturteile fallen hierunter, soweit sie von tatsächlichen, dem Beweis zugänglichen Umständen ausgehen oder nach der Auffassung des Verkehrs eine bestimmte Tatsachenbehauptung enthalten, wie z. B. die Bezeichnung „Keine ... ist besser als ..." (BGH, Der Betrieb 1981, S. 2283).
Ob eine Angabe zutrifft oder nicht, entscheidet die **Verkehrsauffassung**. Da die Werbung sich an bestimmte Verkehrskreise richtet, muß deren Auffassung maßgebend sein. Selbst objektiv richtige Angaben können daher im Sinne des § 3 UWG unrichtig sein, wenn sie bei einem nicht unerheblichen Teil der angesprochenen Verkehrskreise irrige Vorstellungen erwecken. Das kann insbesondere bei der Werbung mit Selbstverständlichkeiten der Fall sein. So ist es z. B. unzulässig, wenn ein bestimmtes Versicherungsunternehmen damit wirbt. daß es der Versicherungsaufsicht unterliegt (Ziffer 36 der Wettbewerbsrichtlinien), oder Versicherungsvertreter sollen nicht mit besonderen Hinweisen auf die mit der Ausübung ihres Berufes naturgemäß verbundene Beratung oder deren Unentgeltlichkeit werben, da sie dadurch die irrige Vorstellung erwecken können, sie leisteten etwas, was von anderen Vertretern nicht ohne weiteres zu erwarten sei (Ziff. 38 der Wettbewerbsrichtlinien). Aus diesem Grunde und im Hinblick auf das Rechtsberatungsgesetz darf sich ein Versicherungsvermittler nicht als Versicherungsberater bezeichnen (OLG Stuttgart vom 11.08.1987, VW 1987, S. 1396; zur Verwendung der Bezeichnung Vermögensberater vgl. BGH, VersR 1989, S. 591). Ebenso kann eine objektiv unrichtige Angabe im Sinne des § 3 UWG richtig sein, wenn der Verkehr nicht vom eigentlichen Wortsinn ausgeht. Ursprüngliche Herkunftsbezeichnungen wie Lübecker Marzipan oder Magdeburger Feuerversicherungs-Gesellschaft können sich deshalb zu reinen Beschaffenheitsangaben oder Eigennamen wandeln. Das BAV sieht übrigens in jedem Verstoß gegen § 3 UWG regelmäßig zugleich einen die Belange der Versicherten gefährdenden Mißstand im Sinne von § 81 VAG (VerBAV 1977, S. 66).

Marktschreierische Übertreibungen fallen nicht unter § 3 UWG, wenn der Verkehr sie als solche erkennt und nicht ernst nimmt. Ob das der Fall ist, läßt sich nur schwer ermitteln. Die Praxis differenziert deshalb: Je seriöser und bedeutender ein Unternehmen ist, desto mehr muß es davon ausgehen, daß seine Werbung ernst genommen wird und daß Übertreibungen irreführen. Nach den Wettbewerbsrichtlinien der Versicherungswirtschaft sollen Übertreibungen ausnahmslos unterbleiben. Sie sind mit dem Ansehen und der Bedeutung dieses Wirtschaftszweiges unvereinbar.

§ 3 UWG verbietet allerdings nur **Irreführungen, die geeignet sind, den Anschein eines besonders günstigen Angebotes hervorzurufen**. Dieser Anschein ist erweckt, wenn die angesprochenen Verkehrskreise auf Grund der Irreführung meinen, beim Anpreisenden vorteilhafter als sonst erwerben zu können, wobei es auf die Art des Vorteils nicht ankommt, so daß auch die Annahme eines nur immateriellen Vorteils genügt. Die Irreführung muß sich deshalb auf den Umstand beziehen, in dem die Getäuschten den wirklichen oder vermeintlichen Vorteil sehen, der ihr Interesse an der Ware oder Leistung erweckt.

Ferner fallen unter § 3 UWG nur **Irreführungen in öffentlichen Bekanntmachungen oder Mitteilungen an einen größeren Personenkreis**. Die Angesprochenen dürfen also weder zahlenmäßig begrenzt noch sonst bestimmt sein. Mitteilungen an einzelne oder an einen begrenzten Kreis rechnen allerdings hierzu, wenn sie nach Inhalt und Aufmachung allgemein aufgestellt sind und vom Empfänger verbreitet werden sollen.

c) Irreführung bei der Einzelwerbung

Gegen Irreführung einzelner kann auf Grund der Generalklausel des § 1 UWG vorgegangen werden. Diese reicht insofern weiter als § 3 UWG, als sie nicht verlangt, daß der Anschein eines besonders günstigen Angebotes hervorgerufen wird, erfordert andererseits aber die Sittenwidrigkeit des Handelns. Diese ist bei vorsätzlicher Täuschung stets und im übrigen dann gegeben, wenn der Handelnde die den Irrtum begründenden Tatsachen gekannt oder sich ihrer Kenntnisnahme bewußt entzogen hat. Dies hat das BAV für den Fall angenommen, daß ein Lebensversicherungsunternehmen mit seiner Werbung für ein reines Versicherungsangebot den Eindruck erweckt, als handele es sich um einen Ratensparvertrag (VerBAV 1977, S. 66). Darüber hinaus erfaßt die Generalklausel Irreführungen, die den Angesprochenen zunächst nur zur Anbahnung von Vertragsverhandlungen verleiten sollen, wie beispielsweise getarnte Werbeveranstaltungen, oder die sich auf andere als die im § 3 UWG erwähnten Umstände beziehen. Unter diesem Gesichtspunkt hat das Bundesaufsichtsamt die mit dem Hinweis auf individuelle Kundenberatung verbundene Bezeichnung „Fachberater" in einer Stellenanzeige beanstandet, mit der ein Versicherungsunternehmen Versicherungsvertreter suchte, weil hierdurch der Anschein hervorgerufen werden könne, als werde in erster Linie eine objektive Beratung in der Art eines Versicherungsberaters erwartet (BAV in Versicherungsvermittlung 1969, S. 76, einschränkend OLG Stuttgart VersR 1981, S. 1074, ferner BAV Geschäftsbericht 1966, S. 42 zur Verwendung des Ausdrucks „dynamisch" in der Lebensversicherungswerbung). Das LG Nürnberg-Fürth (VersR 1989, S. 746) hat es als Verstoß gegen § 1 UWG und das Rechtsberatungsgesetz angesehen, wenn ein Versicherungsvertreter in seiner Werbung die Rentenberechnung derart in den Vordergrund stellt, daß nicht mehr von einer untergeordneten Tätigkeit anläßlich der Vermittlung eines Lebensversicherungsvertrages gesprochen werden kann. Das OLG Stuttgart (VW 1986, S. 198) hat die Werbung eines Versicherungsvermittlers mit Schadensregulierungsvollmacht mit der Angabe „Reibungslose und schnelle Schadenregulierung" als nicht irreführend bezeichnet.

Die **Wettbewerbsrichtlinien der Versicherungswirtschaft** widmen der Bekämpfung von Irreführungen breiten Raum. Außer den bereits erwähnten Klauseln dienen diesem Zweck das detailliert aufgeführte Täuschungsverbot (Ziffer 23), das Gebot der Firmenwahrheit (Ziffer 24), die Untersagung anonymen Wettbewerbs (Ziffer 25), das Verbot, Titel oder Berufsbezeichnungen zu verleihen oder zu führen, die nicht vorhandene Kompetenzen oder Vollmachten vortäuschen können (Ziffer 26), das Verbot, mit dem Namen bekannter, bei einem Versicherungsunternehmen versicherten Persönlichkeiten zu werben (Ziffer 32), sowie das Gebot, fachliche Veröffentlichungen, die zu Werbezwecken verwendet werden, sachlich zu halten (Ziffer 27). Ferner gehören hierher die von den Richtlinien in anderem Zusammenhang dargestellten Grundsätze über die Veröffentlichung von Gutachten (Ziffer 34). Wer ein wissenschaftliches Gutachten zu Werbezwecken verwendet, muß die Angaben des Gutachters wie seine eigenen verantworten. Treffen sie nicht zu, greift § 3 UWG ein. Sind sie richtig, kann die Verwendung des Gutachtens dennoch nach § 1 UWG unlauter sein, z. B. wenn der Werbende den Hinweis auf ein zwischen ihm und dem Gutachter bestehendes Auftrags- oder Abhängigkeitsverhältnis unterläßt und dadurch den Eindruck erweckt, als handele es sich um das Gutachten eines unabhängigen Sachverständigen.

2. Anreißen

Bei dieser Methode des Kundenfangs wird die jeder Werbung eigene Aufdringlichkeit so gesteigert, daß der Umworbene in nicht mehr zumutbarer Weise belästigt wird. Wo die Grenze zu ziehen ist, läßt sich nur von Fall zu Fall unter Abwägung der schutzwürdigen Interessen des Werbenden, des Umworbenen und der Allgemeinheit entscheiden. Einen Anhalt bietet die Frage, wie sich die betreffende Werbung auswirken würde, wenn alle Mitbewerber sich ihrer bedienten. Ferner sind in der Kasuistik sowie in den Verfügungen und Stellungnahmen der Aufsichtsämter Leitgedanken entwickelt, die im Einzelfall weiterhelfen können. In Übereinstimmung mit diesen erklären die Wettbewerbsrichtlinien der Versicherungswirtschaft die Verwendung von Werbekolonnen für unerwünscht und, falls fachlich nicht genügend vorgebildete oder auf ihre Zuverlässigkeit nicht ausreichend überprüfte Werber eingesetzt werden, für unzulässig (Ziffer 15). Sie verbieten, wahllos Schreiben zu verwenden mit der Bitte, die Anschriften von Vertretern mitzuteilen, die angeworben werden könnten (Ziffer 7), zu Werbezwecken Passanten anzusprechen oder Flugblätter auf Straßen oder Plätzen zu verteilen (Ziffer 28; vgl. hierzu auch LG Stuttgart VW 1979, S. 623). Versicherungsunternehmen dürfen auch nicht mit Kunden, zu denen bisher keine geschäftlichen Beziehungen bestanden haben, unaufgefordert telefonisch Vertreterbesuche vereinbaren (BGH VersR 1990, S. 634 für Privatpersonen; BGH BB 1991, S. 1140 für den geschäftlichen Bereich). Entsprechendes gilt für die Telefaxwerbung (OLG Hamm BB 1990, S. 1855).

Außer durch Übersteigerung kann Werbung auch durch Mißachtung des sittlichen Empfindens die Grenze des Zumutbaren überschreiten. So handelt in grobem Maße taktlos und deshalb unlauter, wer unaufgefordert für eine Sterbegeldversicherung wirbt, wenn der Angesprochene oder einer seiner Angehörigen schwer erkrankt ist (Baumbach-Hefermehl, a.a.O. § 1 UWG, Rdnr 78).

3. Physischer oder psychischer Zwang

a) Allgemeines

Während, wie keiner näheren Begründung bedarf, physischer Zwang (Gewalt) stets unlauter und damit verboten ist, ist die psychische Beeinflussung des Kunden nicht schlechthin wettbewerbswidrig. Der Kaufmann, der seine Kundschaft so zu bedienen weiß, daß sie ihm in guten wie in schlechten Zeiten die Treue hält, ist eine ebenso erwünschte Erscheinung des fairen Leistungswettbewerbs wie der Versicherungsvertreter, der es versteht, seine Kunden durch tatkräftigen Einsatz und korrektes Geschäftsgebaren für sich einzunehmen. Zum wettbewerbswidrigen Kundenfang wird die psychische Beeinflussung erst, wenn sie so übersteigert wird oder derart außerhalb des Leistungswettbewerbs liegende Mittel eingesetzt werden, daß der Kunde infolge Einengung seiner Entscheidungsfreiheit nicht umhin kann, das angebotene Geschäft einzugehen. Ein solcher Fall kann z. B. bei den sogenannten *Werbe-(„Kaffee"-)Fahrten* dann der Fall sein, wenn bei der Einladung hierzu nicht unmißverständlich und unübersehbar darauf hingewiesen wird, daß es sich um eine Werbefahr handelt (*Baumbach – Hefermehl*, a. a. O., § 1 UWG Rdnr 112 ff.)

Die Wertbewerbsrichtlinien der Versicherungswirtschaft verbieten, bei der Werbung das Standesbewußtsein der Versicherungsinteressenten betont anzusprechen (Ziffer 31 Abs. 2) oder fremde Autoritäten für die eigene Werbung einzuspannen (Ziffer 31 Abs. 1). Ferner gehört hierher das Einräumen zusätzlicher, insbesondere vermögenswerter Vorteile, wobei zu unterscheiden ist, ob der Vorteil im Zusammenhang mit einem Geschäftsabschluß oder unabhängig davon gewährt wird.

b) Zugaben

Werden einem Interessenten im geschäftlichen Verkehr zusätzlich zur vertraglichen Leistung unentgeltliche vermögenswerte Vorteile für den Fall in Aussicht gestellt oder eingeräumt, daß er das angebotene Geschäft eingeht, liegt eine Zugabe im Sinne der ZugabeVO vor (vgl. oben A.III.3). Derartige Zuwendungen sind nach § 1 Abs. 1, Satz 1 der Verordnung unzulässig, es sei denn, es handelt sich um Reklamegegenstände von geringem Wert, die als solche durch eine dauerhafte und deutlich sichtbare Bezeichnung der reklametreibenden Firma gekennzeichnet sind, um geringwertige Kleinigkeiten, um die Erteilung von Auskünften oder Ratschlägen oder – von weiteren für die Versicherungswirtschaft weniger bedeutsamen Ausnahmen abgesehen – um den Abschluß einer Zeitschriftenversicherung (§ 1 Abs. 2a–g ZugabeVO). Um naheliegende Umgehungen dieses Verbotes auszuschließen, untersagt § 1 Abs. 1, Satz 2 der Verordnung ferner, Zuwendungen gegen ein geringfügiges, offenbar nur zum Schein verlangtes Entgelt zu gewähren oder zur Verschleierung der Zugabe eine Ware oder Leistung mit einer anderen Ware oder Leistung zu einem Gesamtpreis anzubieten.

Die Verletzung des Zugabeverbotes berührt die Wirksamkeit des Hauptgeschäftes und der Zugabevereinbarung nicht, verpflichtet allerdings bei schuldhaftem Handeln zum Schadenersatz, bei schuldlosem, aber rechtswidrigem Handeln zur Unterlassung (§ 2 ZugabeVO). Die vorsätzliche Verletzung ist in § 3 der ZugabeVO als Ordnungswidrigkeit mit Geldstrafe bedroht.

Die Zugabeverordnung und das UWG schließen sich nicht gegenseitig aus, sondern ergänzen sich nach der ausdrücklichen Bestimmung des § 2 Abs. 3 der Verordnung. Was die Verordnung erlaubt, kann also bei vorliegender Sittenwidrigkeit nach § 1 UWG unlauter sein.

Für die Versicherungswirtschaft wird die Geltung des Zugabeverbotes in den Ziffern 43 und 44 der Wettbewerbsrichtlinien ausdrücklich bestätigt. Außerdem befaßt sich mit ihm die noch in Kraft befindliche Anordnung des Reichsaufsichtsamtes vom 23.11.1934 (VerAfP 1935, S. 96) über die Verwendung von Spardosen, Sparuhren und ähnlichen Einrichtungen in der Werbung. Zu beachten ist die Zugabeverordnung darüber hinaus bei der Kopplung von Versicherungsverträgen mit anderen Rechtsgeschäften. Der Abschluß einer Einbruch-Diebstahl-Versicherung durch den Verkäufer eines Geldschrankes zugunsten des Käufers unterliegt z. B. dem Zugabeverbot, wenn der Käufer den Versicherungsschutz unentgeltlich erhält. Das Bundesaufsichtsamt (BAV) hat derartige Verbindungen von Versicherungsverträgen mit Warenverkäufen allerdings unabhängig davon, ob ein Verstoß gegen die Zugabeverordnung vorliegt, für unzulässig erklärt, weil es dem Versicherungsgedanken und dem Ansehen des Versicherungswesens zuwiderlaufe, mit Versicherungsschutz Reklame für ein Warenangebot zu treiben (BAV Geschäftsbericht 1961, S. 42; VerBAV 1961, S. 70; vgl. auch *R. Schmidt – P. Frey, Prölss Versicherungsaufsichtsgesetz*, 10. Auflage 1989, § 1 Rdnr 15).

c) Rabatte, Begünstigungsverträge, Sondervergütungen

Preis- oder Mengennachlässe (Rabatte) dürfen bei Waren und gewerblichen Leistungen des täglichen Bedarfs nur nach Maßgabe des Rabattgesetzes (vgl. oben A.III.3) gewährt werden. Auf Leistungen der Versicherer findet dieses Gesetz nach der amtlichen, in der Literatur nicht unbestrittenen Begründung keine Anwendung. Ob das zutrifft, ist eine theoretische Frage, die auf sich beruhen kann: denn den Rechtsgedanken des Gesetzes haben die Aufsichtsämter auf Grund der Ermächtigung des § 81 Abs. 2 Satz 3 VAG auch in der Versicherungswirtschaft weitgehend zu geltendem Recht erhoben.

Auf der Grundlage der VO zur Übertragung der Zuständigkeit zum Erlaß von Rechtsverordnungen nach § 81 Abs. 2 Satz 3 VAG vom 08.12.1978 hat das BAV die VO über das Verbot von Sondervergütungen und Begünstigungsverträgen in der Schadenversicherung vom 17.08.1982 erlassen. Gemäß § 1 dieser VO ist den Versicherungsunternehmen und den Vermittlern untersagt, Versicherungsnehmern bei Versicherungsverträgen über Risiken der Schaden- und Unfallversicherung, der Kredit- und Kautions- sowie der Rechtsschutzversicherung Sondervergütungen zu gewähren. Als Sondervergütung wird jede unmittelbare oder mittelbare Zuwendung, auch die Provisionsabgabe (Ausnahme: Gewährung von Provisionen an Versicherungsnehmer, die zugleich Vermittler sind) gesehen; dabei gilt z. B. das Provisionsabgabeverbot auch für Lebensversicherungsmakler (VerBAV 1985, S. 279, 1989, S. 187). Dasselbe gilt gemäß § 2 der VO für Begünstigungen, die dann vorliegen, wenn Versicherungsnehmer oder versicherte Personen ohne sachlich gerechtfertigten Grund bezüglich des Leistungsumfangs aus dem Vertrag oder des Versicherungsentgelts besser bestellt werden als andere Versicherungsnehmer oder versicherte Personen. Das Verbot von Sondervergütungen und Begünstigungen gilt auch in der Lebens- und Krankenversicherung. Nicht verboten sind Gruppenversicherungsverträge oder Sammelversicherungsverträge, die jedoch in der Lebens- und Krankenversicherung genehmigungsbedürftig sind (vgl. *R. Schmidt – P. Frey, Prölss Versicherungsaufsichtsgesetz*, 10. Auflage 1989, § 81 Rdnr 106 ff.).

Unzulässig ist es, Sondervergütungen jeglicher Art, insbesondere einem Versicherungsnehmer, seinen Angestellten oder Angehörigen oder einer Firma, an der der Versicherungsnehmer beteiligt ist, Provisionen oder Vorteile irgendwelcher Art zu gewähren, es sei denn, der Empfänger ist, sei es als Angestellter, sei es als Provisionsvertreter, ständig damit betraut oder beschäftigt, für den Versicherer Verträge zu vermitteln oder abzuschließen. Entsprechendes gilt für Zuwendungen an Dritte, die das Empfangene einem der vorgenannten zukommen lassen. Die Verletzung dieser Grundsätze berührt allerdings die Wirksamkeit des Hauptvertrages oder der Begünstigungsabrede nicht (vgl. *R. Schmidt – P. Frey, Prölss Versicherungsaufsichtsgesetz*, 10. Auflage 1989, § 81 Rdnr 107 ff.).

d) Werbegeschenke, Veranstaltungen und Gelegenheitspräsente

Im Gegensatz zu den Vorgenannten sind Zuwendungen, die unabhängig vom Bezug einer Ware oder Leistung gewährt werden, nicht grundsätzlich unzulässig. Zu diesen rechnen insbesondere die – von den Wettbewerbsrichtlinien (Ziffer 43) zu Unrecht den Zugaben gleichgestellten – Werbegeschenke, ferner Werbeveranstaltungen und Gelegenheitspräsente. Ihre Hingabe ist, von dem ausnahmslos nicht nur unzulässigen, sondern auch strafbaren Fall der Bestechung Angestellter abgesehen (§ 12 UWG), nur unlauter, wenn sie den Empfänger derart verpflichtet, daß er sich nicht mehr frei und sachlich entscheiden kann. Ob das der Fall ist, hängt von den Umständen des Einzelfalles ab, u. a. dem Wert und dem Zweck der Zuwendung, der Person des Gebers oder Empfängers, dem Verhältnis beider zueinander oder dem Ort und der Art der Zuwendung. Feste Normen bestehen nicht. Die Übergabe eines Werbegeschenkes im Geschäftslokal des Werbenden wirkt intensiver als die Übersendung desselben Gegenstandes auf dem Postwege. Eine Zuwendung an einen Angestellten, der starken Einfluß auf die Vorgabe künftiger Aufträge an den Schenker besitzt, ist nach strengeren Maßstäben zu beurteilen als das Präsent an den Firmeninhaber anläßlich eines seltenen Geschäftsjubiläums. Handels- und Branchenüblichkeit können im Einzelfall einen Anhalt bieten.

4. Vergleichende Werbung

Jeder Werbende preist die eigene Ware oder Leistung, um deren Absatz zu fördern. Dabei ist er leicht versucht, die eigenen Vorzüge durch eine Bezugnahme auf weniger günstige personelle Eigenschaften oder geschäftliche Verhältnisse seiner Konkurrenten oder auf deren Leistung herauszustellen (vergleichende Werbung).

Ein Hinweis auf ungünstige Eigenschaften oder Verhältnisse eines Mitbewerbers wird vielmehr, mag er wahr sein oder nicht, ausnahmslos als anstößig empfunden. Das ist niemals streitig gewesen und auch in den Wettbewerbsabkommen der Versicherungswirtschaft wiederholt zum Ausdruck gebracht.

Ebenso betrachtet die Rechtsprechung die vergleichende Werbung als unlauter und läßt nur engbegrenzte Ausnahmen für den System-, Abwehr-, Auskunfts-, und Fortschrittsvergleich zu. Niemand soll durch einen Vergleich seiner Leistung mit derjenigen seiner Mitbewerber seine Auffassung als maßgeblich hinstellen und als Vorspann für seine eigene Werbung benutzen und dadurch dem Urteil vorgreifen, das sich die Allgemeinheit auf Grund eigener Prüfung und Erfahrung bilden soll. Diese Rechtsprechung ist allgemein anerkannt, soweit es sich um unrichtige oder irreführende Vergleiche handelt, zumal sich deren Unlauterkeit schon aus dem Täuschungsverbot ergibt. Umstritten ist dagegen die Beurteilung des zutreffenden und sachlich gehaltenen Vergleichs. Ihn hält ein Teil des Schrifttums im Gegensatz zur Rechtsprechung unter Berufung auf das Grundrecht der freien Meinungsäußerung für zulässig.

Für die Versicherungswirtschaft hat diese Streitfrage allerdings geringere Bedeutung; denn einmal führt die Genehmigungspraxis des Aufsichtsamtes bisher zu einer starken Markttransparenz der Versicherungsbedingungen und damit zu einer Vereinheitlichung des Angebotes, und zum anderen entscheiden die Wettbewerbsrichtlinien das Problem grundsätzlich im Sinne der Rechtsprechung (insgesamt hierzu *Büchner, Zulässigkeit und Grenzen vergleichender Werbung in der Versicherungswirtschaft,* in: *Staat, Wirtschaft, Assekuranz und Wissenschaft, Festschrift für Robert Schwebler,* herausgegeben von *Rudolf Henn* und *Walter F. Schickinger,* 1986, S. 145 ff.). Gemäß Ziffer 29 soll sich deshalb die Werbung (vor allem) auf das Hervorkehren der eigenen Leistung in sachlicher und positiver Form beschränken. Die vergleichende Werbung ist gemäß Ziffer 30 Abs. 1 der Wettbewerbsrichtlinien *„nur in den vom allgemeinen Wettbewerbsrecht gezogenen Grenzen zulässig. Sie muß wahr, sachlich und vollständig sein, darf für den Vergleich wesentliche Tatsachen nicht unterdrücken und hat Leistungsunterschiede in sachlicher Form und Aufmachung anhand nachprüfbarer Tatsachen darzustellen"*. In Ziffer 30 Abs. 2 der Wettbewerbsrichtlinien werden sodann die Anforderungen an eine zulässige vergleichende Werbung konkretisiert. Dadurch wird einerseits den von der Rechtsprechung aufgestellten Kriterien zur vergleichenden Werbung und andererseits den vom BAV erhobenen Forderungen, daß die vergleichende Werbung in der Versicherungswirtschaft wegen der Eigenart des Versicherungsmarktes (vgl. oben A.IV.1) enger sein muß als in der übrigen Wirtschaft, entsprochen. Danach darf nämlich die vergleichende Wirkung *„außerdem keinesfalls zur Irreführung des versicherungssuchenden Publikums geeignet sein"*. In ihr darf deshalb auf Tarife, Bedingungen oder Kosten anderer Versicherungsunternehmen, aber auch auf Durchschnittsdaten der Versicherungswirtschaft oder fremde Leistungsvergleiche nur dann Bezug genommen werden, *„wenn die Voraussetzungen für einen echten Leistungsvergleich objektiv gegeben sind"* (vgl. dazu z. B. LG Köln VersR 1985, S. 1133). Dasselbe gilt bei Hinweisen auf die Rechtsform oder die Organisation anderer Versicherungsunternehmen. Das *„Jenaer Abkommen"* der Hagelversicherer (vgl. oben A.IV.4) läßt in III.3. eine vergleichende Gegenüberstellung nur im Einzelfall und für den Durchschnitt der letzten 10 Jahre zu.

Anders verhält es sich mit der sogenannten **Alleinstellungswerbung.** Wer eine Spitzenstellung auf dem Markt einnimmt, handelt nicht unlauter, wenn er das in seiner Werbung herausstellt, auch wenn der Verkehr hierin einen Hinweis auf die Mitbewerber sehen sollte. Diese Nebenwirkung muß hingenommen werden, da es jedem Unternehmer gestattet ist, mit den tatsächlich vorhandenen Vorzügen seines Unternehmens oder seiner Leistung zu werben. In der Versicherungswirtschaft ist diese Form der Werbung nur selten anzutreffen, meist nur unmittelbar nach Einführung einer neuen Versicherungsart.

II. Behinderung

Jede Wettbewerbshandlung ist naturgemäß geeignet, die Mitbewerber in ihrem Streben nach Umsatz- und Gewinnsteigerung zu beeinträchtigen. Nicht jede Beeinträchtigung ist deshalb unlauter. Anstößig handelt jedoch, wer nicht durch eigene Leistung sondern durch Behinderung des Mitbewerbers Vorteile für sein eigenes Fortkommen zu ziehen sucht. Typische Mittel des Behinderungswettbewerbes sind der Boykott, die Marktbehinderung und die Geschäftsehrverletzung. Sie bezwecken ausnahmslos die Behinderung des Mitbewerbers und sind deshalb stets wettbewerbswidrig. Die Behinderung kann jedoch auch durch Mittel des Leistungswettbewerbes, z. B. durch Preisunterbietung, erreicht werden. Da derartige Wettbewerbsmaßnahmen grundsätzlich erlaubt sind, kann sich bei ihnen eine sittenwidrige Behinderung nur aus besonderen Begleitumständen ergeben.

1. Boykott

Unter (wirtschaftlichem) Boykott verstehen wir die organisierte Absperrung eines Konkurrenten vom Geschäftsverkehr, insbesondere vom Absatz, von der Belieferung, Beförderung oder Kreditgewährung. Im Unterschied zum allgemeinen Sprachgebrauch setzt der Boykott im Rechtssinn zumindest drei Beteiligte voraus: den Boykottierer, denjenigen, der den Aufruf zur Absperrung ausführt, und den Boykottierten. Er verlangt also ein gemeinschaftliches Zusammengehen gegen den Gesperrten. Dadurch gewinnt der Boykott einen kollektiven Charakter, der ihn in erster Linie als Mittel der Wettbewerbsbeschränkung erscheinen läßt, dessen Zulässigkeit nach § 26 Abs. 1 GWB zu beurteilen ist. Als wettbewerbliches Kampfmittel ist der Boykott eines Konkurrenten regelmäßig sittenwidrig, weil er zu einer mit den Grundsätzen des Leistungswettbewerbes unvereinbaren Behinderung des Mitbewerbers führt. Lediglich als Abwehrmaßnahme gegen wettbewerbswidriges Verhalten kann er nach den aus § 193 StGB entwickelten Grundsätzen für die Wahrnehmung berechtigter Interessen ausnahmsweise zulässig sein, wenn er nach Art, Inhalt und Begleitumständen das gebotene und notwendige Mittel zur Erreichung eines rechtlich gebilligten Zwecks bildet und weder die Anrufung der Gerichte noch andere, weniger einschneidende Maßnahmen zum selben Ziel führen.

2. Marktbehinderung

Unter diesem **Sammelbegriff** wird die angesichts der Entwicklung immer neuer Werbemethoden unübersehbare Vielzahl der Behinderungsmittel zusammengefaßt, denen das kollektive Merkmal des Boykotts fehlt, die aber ebenso wie dieser den Konkurrenten daran hindern sollen, seine Ware oder Leistung auf dem Markt frei zur Geltung zu bringen und abzusetzen. Hierher gehört beispielsweise die Absatzbehinderung durch Werbung oder Abfangen der Kunden vor dem Geschäftslokal des Konkurrenten, durch Aufkauf der Konkurrenzerzeugnisse im Zwischenhandel, um ihnen den Weg zum Endverbraucher abzuschneiden, ferner die Werbebehinderung durch Entfernen oder Unkenntlichmachen der Konkurrenzwerbung oder geschäftlicher Kennzeichen sowie die Bezugsbehinderung, bei der der Wettbewerber z. B. Rohstoffe über den eigenen Bedarf hinaus aufkauft, um den Mitbewerber zu behindern.

3. Geschäftsehrverletzung

a) Allgemeines

Wer zu Zwecken des Wettbewerbs über das Erwerbsgeschäft eines anderen, über die Person des Inhabers oder Leiters des Geschäftes oder über die Waren oder gewerblichen Leistungen eines anderen Tatsachen behauptet oder verbreitet, die geeignet sind, den Betrieb des Geschäfts oder den Kredit des Inhabers zu schädigen, ist, sofern die Tatsache nicht erweislich wahr ist, dem Verletzten zum Schadenersatz verpflichtet (§ 14 UWG). Daß die Ehrverletzung eines Unternehmers durch einen Konkurrenten Wettbewerbszwecken dient, ist regelmäßig zu vermuten. Sollte das ausnahmsweise nicht der Fall sein, greift § 824 BGB ein, demzufolge die Behauptung unwahrer Tatsachen, die geeignet sind, den Kredit eines anderen zu gefährden oder sonstige Nachteile für dessen Erwerb oder Fortkommen herbeizuführen, zum Schadenersatz verpflichtet; ein Abwehranspruch kann nach § 1004 BGB begründet sein. Noch weiter reicht der Schutz der Geschäftsehre oder des allgemeinen Persönlichkeitsrechts durch § 823 Abs. 1 BGB oder der Schutz vor übler Nachrede und Verleumdung durch § 823 Abs. 2 BGB in Verbindung mit den §§ 186, 187 StGB. Im Prozeß steht sich der Verletzte allerdings schlechter, wenn er sich auf die Vorschriften des BGB berufen muß, da er die ihre Anwendung begründenden Tatsachen beweisen muß, während nach § 14 UWG der Verletzer den Wahrheitsbeweis zu führen hat.

Alle vorgenannten Vorschriften erfassen mit Ausnahme des Persönlichkeitsschutzes des § 823 Abs. 1 BGB nur Ehrverletzungen durch Behauptung unwahrer und nicht erweislich wahrer Tatsachen. Ehrverletzungen durch Werturteile können, soweit sie Wettbewerbshandlungen darstellen, als persönliche Werbung nach § 1 UWG sittenwidrig sein; es bedarf hier einer Interessenabwägung. Darüber hinaus können sie eine Verletzung des allgemeinen Persönlichkeitsrechts oder einen Eingriff in das Recht am eingerichteten und ausgeübten Gewerbebetrieb (§ 823 Abs. 1 BGB), eine nach § 823 Abs. 2 BGB in Verbindung mit § 185 StGB verbotene Beleidigung oder eine vorsätzliche, sittenwidrige Schädigung im Sinne des § 826 BGB darstellen.

Ferner richten sich § 14 UWG und § 824 BGB sowie § 823 Abs. 2 BGB in Verbindung mit den §§ 186, 187 StGB nur gegen die Äußerung unwahrer Tatsachen, wobei der Wahrheitsbegriff des § 14 UWG allerdings weiter reicht, da er ebenso wie § 3 UWG alle nach Auffassung der beteiligten Verkehrskreise unwahren oder irreführenden Erklärungen erfaßt. Die Äußerung einer privaten Versicherungsgesellschaft, öffentliche Versicherungsanstalten unterständen im Gegensatz zu ihr nicht der Bundesaufsicht, ist deshalb vom Reichsgericht als irreführend im Sinne dieser Vorschrift erachtet worden, weil sie verschweige, daß die öffentlichen Anstalten der keine geringere Gewähr bietenden Aufsicht der Länder unterliegen und dadurch unzutreffende Vorstellungen erwecke (Reichsgericht, Markenschutz und Wettbewerb XXVII/XXVIII, 263). Einen lückenlosen Schutz gegen Diffamierungen kann § 14 UWG dennoch nicht bieten. Um ihn zu erreichen, müssen wir auf das Verbot der Herabsetzung des Mitbewerbers (§ 1 UWG) sowie auf das allgemeine Persönlichkeitsrecht und das Recht am eingerichteten und ausgeübten Gewerbebetrieb zurückgreifen.

b) Wahrnehmung berechtigter Interessen

Handelt es sich um vertrauliche Mitteilungen und hat der Mitteilende oder der Empfänger der Mitteilung an ihr ein berechtigtes Interesse, kann der Betroffene nach § 14 Abs. 2 UWG bei Wahrheitswidrigkeit der Mitteilung zwar Unterlassung, Schadenersatz jedoch nur fordern, wenn der Mitteilende die Wahrheitswidrigkeit kannte (Vorsatz) oder kennen mußte (Fahrlässigkeit). § 824 Abs. 2 BGB schließt die Schadenersatzpflicht bei Wahrnehmung berechtigter Interessen sogar dann aus, wenn es sich nicht um vertrauliche Mitteilungen handelt; das gleiche gilt für § 823 BGB.

Zu den berechtigten Interessen kann jede bei verständiger Beurteilung vertretbare Erwägung des Mitteilenden oder Mitteilungsempfängers gehören, Belange Dritter nur, wenn der Mitteilende oder der Mitteilungsempfänger zu ihrer Wahrung berufen ist. Die Berechtigung der Interessenwahrung hängt jedoch, wie bei allen Fällen des Interessenwiderstreits, von einer Rechtsgüter- und Pflichtenabwägung ab. Sie ist nur gegeben, wenn die Mitteilung objektiv nach Inhalt, Form und Begleitumständen das gebotene und notwendige Mittel zur Erreichung eines rechtlich gebilligten Zwecks ist. Unwahre Äußerungen können diese Voraussetzungen niemals erfüllen. Sie werden deshalb weder durch § 14 Abs. 2 UWG noch durch § 824 Abs. 2 BGB geschützt.

4. Preisunterbietung

a) Allgemeines

Soweit ihn staatliches Preisrecht oder nach den §§ 16, 17 GWB zugelassene privatrechtliche Preisbindungen nicht daran hindern, kann jeder Gewerbetreibende den Preis seiner Ware oder Leistung frei bestimmen. Nach den Preisen der Konkurrenten braucht er sich nicht zu richten. Da der Wettbewerb der besseren Leistung zum Sieg verhelfen soll und der Wert einer Ware oder Leistung von deren Qualität und Preis abhängt, ist es das gute Recht jedes Gewerbetreibenden, seine Ware oder Leistung so billig anzubieten wie er will. Er darf die Preise seiner Konkurrenten unterbieten, zu Selbstkosten- oder Verlustpreisen verkaufen oder regional unterschiedliche Preise bilden, ohne daß ihm allein deshalb eine unlautere Behinderung seiner Mitbewerber vorgeworfen werden könnte. Diese kann sich vielmehr nur aus zusätzlichen Elementen, insbesondere Anlaß, Zweck und Auswirkungen des Preisverhaltens ergeben.

In der **Versicherungswirtschaft** ist dieser **Grundsatz** allerdings **erheblich eingeschränkt**. Schon seit Jahrzehnten hat die Aufsichtsbehörde aus dem im VAG wiederholt zum Ausdruck gebrachten Auftrag, die Belange der Versicherten zu wahren und die dauernde Erfüllbarkeit der Verträge zu sichern (§§ 8 Abs. 1 Nr. 2, 13, 81 Abs. 2, 81a, 87 Abs. 1 Nr. 3 VAG) die Befugnis abgeleitet, die Bemessung des Vesicherungsentgeltes (Prämie, Beitrag) daraufhin zu überwachen, ob der Versicherer *„mehr an Beiträgen erhebt, als er zur Erfüllung seiner und der Gemeinschaft Aufgaben unter Berücksichtigung aller in Frage kommenden Gesichtspunkte verlangen darf“*, oder ob er das Entgelt so gering bemißt, daß *„die Gewährung des Versicherungsschutzes in dem versprochenen Umfang in Frage gestellt ist“* (VerAfP 1938, S. 43 ff.; *Goldberg – Müller, Versicherungsaufsichtsgesetz*, 1980, § 81 Rdnr 13).

Das betrifft zunächst die Lebens-, Kranken- und Unfallversicherung, bei denen der Tarif gem. §§ 11, 12 VAG Teil des durch die Aufsichtsbehörde zu genehmigenden Geschäftsplanes ist, sodann die Kraftfahrtversicherung, deren Tarife für die Kraftfahrzeug-Haftpflichtversicherung nach § 8 Abs. 1 PflichtversicherungsG in Verbindung mit der VO über die Tarife in der Kraftfahrtversicherung von der Aufsichtsbehörde zu genehmigen sind. In allen anderen Versicherungszweigen kann die Aufsichtsbehörde auf die Beitragsbemessung einwirken, wenn die erhobenen oder geforderten Beiträge einen Mißstand herbeigeführt haben oder herbeizuführen drohen, der die Belange der Versicherten gefährdet oder den Geschäftsbetrieb mit den guten Sitten in Widerspruch bringt (vgl. BAV Geschäftsbericht 1964, S. 33; vgl. auch oben A.IV.3). Die praktische Bedeutung dieser Befugnis sollte allerdings nicht überschätzt werden. Da der Schadenaufwand im voraus nicht exakt ermittelt werden kann, wird die Aufsichtsbehörde nur in Ausnahmefällen in der Lage sein, ein Mißverhältnis zwischen Versicherungsleistung und Prämie festzustellen, das einen Eingriff nach § 81 Abs. 2 VAG rechtfertigen könnte. Darüber hinaus bieten Prämienanpassungsklauseln in Allgemeinen Versicherungsbedingungen die Möglichkeit zur Anpassung tariflich bestimmter Prämiensätze an veränderte Aufwandsituationen während der Laufzeit eines Versicherungsvertrags.

Innerhalb der dargelegten Grenzen gilt mithin auch für die Versicherungswirtschaft, daß Preisunterbietungen grundsätzlich erlaubt sind und nur infolge zusätzlicher Begleitumstände wettbewerbswidrig sein oder werden können.

b) Vernichtungsunterbietung

Die Preisunterbietung kann je nach Umfang und Dauer zur Verdrängung der Mitbewerber aus dem Markt oder gar zu deren Vernichtung führen. Da die Preisunterbietung grundsätzlich erlaubt ist, muß diese Konsequenz hingenommen werden. Ist sie jedoch der eigentliche Zweck der Preisunterbietung, dient sie also nicht in erster Linie der Förderung des eigenen Unternehmens, sondern der Ausschaltung der Konkurrenz, so ist sie wettbewerbswidrig. Wer seine Mitbewerber durch ruinösen Preiskampf aus dem Wege räumen will, um die Preise künftig allein bestimmen zu können, mißachtet die guten Sitten.

Der Nachweis dieser Zielrichtung ist freilich schwierig und nur möglich, wenn äußere Begleitumstände, wie zum Beispiel die Planmäßigkeit des Vorgehens oder anhaltender Verkauf zu Verlustpreisen, Rückschlüsse gestatten.

c) Preisunterbietung auf Grund Rechtsbruchs

Wettbewerbswidrig ist ferner die durch Rechtsbruch finanzierte Preisunterbietung. Wer Zölle oder Steuern hinterzieht, Tariflöhne nicht einhält, genehmigte Tarife (vgl. oben B.II.4a) unterschreitet, verbilligte Kredite oder Subventionen der öffentlichen Hand erschleicht und den auf diese Weise gewonnenen Vorsprung vor den rechtstreuen Mitbewerbern davon benutzt, deren Preise zu unterbieten, handelt nicht nur rechts-, sondern auch sittenwidrig.

d) Preisunterbietung durch Irreführung

Unlauter handelt ferner, wer eine Preisunterbietung nur vortäuscht, indem er seine Preise kurz vor der Senkung anhebt, die Qualität der Ware vermindert oder den Verkehr auf andere Weise täuscht, z. B. indem er durch einige besonders billige Angebote den Eindruck hervorzurufen sucht, als seien die Preise aller seiner Erzeugnisse niedrig kalkuliert.

III. Ausbeutung

Wer auf der Leistung seiner Mitbewerber aufbaut oder deren Erzeugnisse, Organisationsformen, Geschäftspläne, Ausstattungen oder Werbemethoden verwertet oder nachahmt, verhält sich noch nicht wettbewerbswidrig. Diesem Vorwurf setzt er sich erst aus, wenn er das Ergebnis der Tätigkeit oder Aufwendungen seiner Mitbewerber in unlauterer Weise ausnutzt, um sich einen Vorsprung vor den Mitbewerbern zu verschaffen. Wann das der Fall ist, hängt von den Umständen des Einzelfalles ab. Der Bundesgerichtshof hat dazu in mehreren Entscheidungen den Gedanken des „muß das denn sein" entwickelt. Danach ist ein wettbewerblicher Einbruch in die Interessensphäre eines Mitbewerbers unlauter, wenn er keine hinreichende Rechtfertigung aus der eigenen Interessensphäre des Einbrechenden findet (u. a. BGH GRUR 61, S. 581).

1. Sklavische Nachahmung

Ob ein Erzeugnis technischer oder nichttechnischer Art, eine Ausstattung, ein geschäftliches Kennzeichen oder Werbemittel nachgeahmt werden darf, ist zunächst keine Frage des Wettbewerbsrechts. Der Schutz geistiger Schöpfungen oder gewerblicher Arbeitsergebnisse wird durch besondere Gesetze, wie das Patentgesetz, das Gebrauchsmustergesetz, das Geschmacksmustergesetz, das Warenzeichengesetz (vgl. oben A.III.4) und die verschiedenen Urheberrechtsgesetze sowie durch das Namens- und Firmenrecht ausschließlich geregelt. Ein Produkt, das durch diese Gesetze oder Rechte nicht geschützt ist, darf von jedermann nachgeahmt werden. Selbst die in allen Einzelheiten übereinstimmende Nachbildung ist erlaubt. Das Wettbewerbsrecht steht dem nicht entgegen. Entsprechend seiner Zweckbestimmung, die Mitbewerber und die Allgemeinheit vor Beeinträchtigungen durch unlauteres Verhalten im Wettbewerb zu schützen, greift es erst ein, wenn ein Unternehmer von der Freiheit, fremde Produkte nachzuahmen, in unlauterer Weise Gebrauch macht, z. B. indem er sich die zur Nachbildung erforderlichen Kenntnisse durch Geheimnisverrat, Spionage oder Vertrauensbruch verschafft oder in der Absicht, den guten Ruf des Mitbewerbers für sich auszunutzen, durch die Nachbildung die Gefahr heraufbeschwört, daß der Verkehr die Nachbildung mit dem Original verwechselt, was allerdings voraussetzt, daß der nachgeahmte Gegenstand sich durch eine besondere Eigenart auszeichnet, die ihn vom Durchschnittsangebot unterscheidet; denn wer ein Allerweltserzeugnis oder Dutzendware neu auf den Markt bringt, kann nicht erwarten, daß ihm der Vorsprung vor der Konkurrenz lange erhalten bleibt.

Auf eine nähere Darstellung dieses in rechtlicher wie in tatsächlicher Hinsicht komplizierten Tatbestandes verzichten wir; denn seine praktische Bedeutung in der Versicherungswirtschaft ist gering, für Allgemeine Versicherungsbedingungen gibt es praktisch keinen Nachahmungsschutz (vgl. oben A.III.4). Die Einführung neuer Versicherungszweige oder neuer Bestandteile (Klauseln) zu bestehenden Versicherungszweigen stellt regelmäßig eine Veränderung des Geschäftsplanes dar, die der Versicherer der Aufsichtsbehörde zur Genehmigung vorzulegen hat und die er vor Erteilung der Genehmigung nicht verwenden darf. Das führt nach der von der Aufsichtsbehörde bisher geübten Praxis zu einer starken Markttransparenz der Versicherungsbedingungen und auch zu einer Vereinheitlichung des Leistungsangebotes der Versicherer, so daß Wettbewerbsverstöße durch unlautere Nachahmung praktisch nur auf dem Gebiet der Werbung vorkommen können. Hier sind sie jedoch ohnehin selten, denn die Gefahr einer Verwechslung kann nur bei einer Werbung eintreten, die sich infolge einer hervorragenden Eigenart den beteiligten Verkehrskreisen eingeprägt hat. Das aber ist bei der Fülle und Vielfalt der Werbung sowie der Flüchtigkeit, mit der sie in der Regel wahrgenommen wird, nur selten der Fall.

2. Ausspannen

a) Allgemeines

Das Abwerben von Arbeitnehmern oder Kunden ist grundsätzlich nicht sittenwidrig. Die Gewinnung tüchtiger Mitarbeiter aus Konkurrenzunternehmen gehört ebenso zum Leistungswettbewerb wie das Einbrechen in einen fremden Kundenkreis. Die Unlauterkeit kann sich jedoch aus den Begleitumständen, insbesondere aus dem Einsatz verwerflicher Mittel oder der Verfolgung wettbewerbswidriger Ziele ergeben.

b) Ausspannen fremder Arbeitskräfte

Unlauter handelt danach, wer fremde Arbeitskräfte ausspannt, indem er sie zum Bruch des Arbeitsvertrages verleitet. Dafür genügt jedes Hinwirken auf den Vertragsbruch, ohne daß es auf den Erfolg ankommt. Auch wer einen schon zum Vertragsbruch neigenden Arbeitnehmer in diesem Entschluß nur bestärkt, muß sich den Vorwurf unlauterer Ausspannung entgegenhalten lassen. Allerdings muß der Ausspannende die Tatumstände kennen, die sein Vorgehen unlauter erscheinen lassen, und zumindest mit bedingtem Vorsatz handeln.

Die Einstellung eines von sich aus vertragsbrüchig gewordenen Arbeitnehmers ist dagegen grundsätzlich nicht sittenwidrig, auch dann nicht, wenn der Arbeitnehmer, wie z. B. im Falle unberechtigter Kündigung, seinem bisherigen Arbeitgeber vertraglich noch verpflichtet bleibt, es sei denn, der Einstellende wirkt bewußt daraufhin, daß der Arbeitnehmer seinen Pflichten gegenüber dem bisherigen Arbeitgeber nicht mehr nachkommt.

Unlauterer Ausspannungsmittel bedient sich insbesondere, wer verwerfliche Mittel oder Ziele dabei verfolgt, z. B. wer fremde Arbeitnehmer durch irreführende oder herabsetzende Äußerungen über ihren Arbeitgeber zur Kündigung des Arbeitsvertrages veranlaßt, wer seine Werber in fremde Betriebe schickt, frühere Betriebsangehörige eines Konkurrenten zu Schlepperdiensten benutzt oder Werbeprämien für die Abwerbung fremder Arbeitnehmer aussetzt; ebenso verfolgt unlautere Zwecke, wer planmäßig alle eingearbeiteten Kräfte eines Konkurrenten abwirbt, um dessen Betrieb lahmzulegen, oder wer durch Abwerbung qualifizierter Mitarbeiter eines Konkurrenten hinter dessen Geschäftsgeheimnisse kommen will.

Die **Rechtsfolgen des wettbewerbswidrigen Ausspannens** fremder Arbeitskräfte sind unterschiedlich. Beim Verleiten zum Vertragsbruch erstreckt sich die Sittenwidrigkeit gegebenenfalls auch auf die Einstellung des Vertragsbrüchigen, so daß der Arbeitsvertrag nach § 138 BGB nichtig ist; diese Rechtsfolge tritt jedoch nur dann ein, wenn der Abgeworbene sich an dem Wettbewerbsverstoß beteiligt hat. In allen anderen Fällen ist die Einstellung der ausgespannten Arbeitskraft dagegen wirksam. Der frühere Arbeitgeber kann jedoch vom Ausspannenden verlangen, daß er die ausgespannte Arbeitskraft nicht oder nicht weiter beschäftigt.

c) Ausspannen von Kunden

Für das Ausspannen von Kunden gelten diese Grundsätze entsprechend. Die Verleitung eines fremden Kunden zum Vertragsbruch ist daher regelmäßig sittenwidrig. Wer dagegen einen ohne sein Zutun vertragsbrüchigen Kunden abwirbt oder einen fremden Kunden zur ordnungsgemäßen Lösung des Vertrages veranlaßt, handelt nur wettbewerbswidrig, wenn er sich dabei unlauterer Mittel bedient oder verwerfliche Zwecke verfolgt.

In der Versicherungswirtschaft sind infolge der Besonderheiten des Versicherungmarktes und der Versicherungszweige strengere Anforderungen an eine zulässige Ausspannung bzw. eine weitgehende Einschränkung entwickelt worden. Diese Grundsätze, wie sie in den Wettbewerbsrichtlinien der Versicherungwirtschaft formuliert worden sind, gehen teilweise auf Anordnungen der Aufsichtsbehörde zurück, wie z. B. die grundsätzliche Mißbilligung von Ausspannungen in der Lebensversicherung oder die Festsetzung der Voraussetzungen, unter denen Kündigungshilfe geleistet oder Vorverlängerungsverträge abgeschlossen werden dürfen (vgl. *R. Schmidt – P. Frey, Prölss Versicherungsaufsichtsgesetz*, 10. Auflage 1989, § 81 Rdnr 65, 73, 81). Allerdings verlangt die Rechtsprechung (OLG Köln, VerBAV 1985, S. 426; OLG Hamm, BB 1989, S. 1221) inzwischen, daß zur Ausspannung gemäß Ziffer 48 der Wettbewerbsrichtlinien auch in der Lebensversicherung ein Verstoß gegen § 1 UWG durch Einsatz unlauterer Werbemittel hinzukommen muß. Dies gilt auch für die Kündigungshilfe (OLG Hamm a. a. O.).

In der **Sach-, HUK- und Rechtsschutzversicherung** ist es gemäß Ziffer 56 der Wettbewerbsrichtlinien *„unzulässig, in fremde Versicherungsbestände planmäßig oder mit unlauteren Mitteln einzudringen. Es ist insbesondere unzulässig:*

a) vorgedruckte oder sonst auf mechanischem Wege vervielfältigte Kündigungsschreiben zu verwenden und Versicherungsinteressenten zur Unterzeichnung vorzulegen;

b) von Versicherungsinteressenten vor- oder nachdatierte Kündigungsschreiben oder Kündigungsschreiben mit offenem Datum zu verwenden oder das Datum nachträglich auszufüllen;

c) Kündigungsschreiben, deren Weiterleitung der Vertreter oder sein Versicherungsunternehmen übernommen hat, später als einen Monat nach der Unterzeichnung an den Empfänger weiterzugeben;

d) Ablaufdaten fremder Versicherungen durch Verwendung von Werbeprospekten mit vorgedruckter Antwort oder durch ähnliche Maßnahmen zu versammeln;

e) *Schadenfälle, die bei fremden Versicherungsunternehmen angemeldet oder von diesen abgewickelt sind, zum Anlaß zu nehmen, in die Bestände dieser Versicherungsunternehmen einzudringen*" (Ziffer 56 der Wettbewerbsrichtlinien).

Vorversicherungsverträge dürfen nicht abgeschlossen werden, wenn dasselbe Risiko noch länger als ein Jahr bei einem anderen Versicherer versichert ist (Ziffer 57). Die Werbung von Nachversicherungen zu anderweitig bestehenden Stammverträgen in der Feuer-, Einbruchdiebstahl-, Leitungswasser- und Sturmversicherung soll unterbleiben, wenn die Nachversicherungssumme unter 10 000 DM liegt, die Erhöhung der Deckungssumme zu Haftpflichtversicherungen, die bei anderen Versicherern bereits bestehen, sogar ausnahmslos (Ziffer 59). Unzulässig ist ferner, sich einseitige Erklärungen aushändigen zu lassen, durch die sich die Versicherungsnehmer, die noch länger als ein Jahr anderweitig versichert sind, verpflichten, die Versicherung nach Vertragsschluß ganz oder teilweise auf ein neues Versicherungsunternehmen zu übertragen oder Kündigungen sowie die Ermächtigung zur Kündigung anderweitig bestehender Versicherungsverträge zu verwerten, wenn diese Erklärungen dem Versicherer oder seinem Vertreter früher als ein Jahr vor Ablauf des bestehenden Vertrages zugehen (Ziffer 57 Abs. 2 und 3), oder einen Wechsel des Versicherungsortes sowie Zwangsverwaltungen zur Ausspannung bestehender Sachversicherungen zu benutzen (Ziffer 62).

Nach I, 1 des Jenaer Abkommens der Hagelversicherer dürfen „*Versicherungen, die bisher bei einem Vertragsunternehmen liefen*", „*von einem anderen Vertragsunternehmen erst nach erfolgter Kündigung und erst nach dem 30. September des letzten Versicherungsjahres an- und aufgenommen werden.*" Bei Verletzung dieser Vereinbarung ist der Versicherungsvertrag auf Verlangen des altbesitzenden Versicherers rückgängig zu machen.

In der **Lebensversicherung** sind sowohl die Ausspannung als auch ihr Versuch unzulässig (Ziffer 48 Wettbewerbsrichtlinien). In der **Krankenversicherung** sollen Ausspannung wegen der Nachteile für die versicherte Person grundsätzlich unterbleiben. Sie ist unzulässig, wenn sie mit unlauteren Mitteln oder auf unlautere Weise erfolgt (Ziffer 65 Wettbewerbsrichtlinien). Dieser Fall liegt vor, wenn nicht über die mit dem Wechsel des Versicherungsunternehmens verbundenen Nachteile aufgeklärt wird, wenn der Vertreter bei der Ausfüllung des Antrags ihm mitgeteilte Vorerkrankungen und Vorversicherungen nicht angibt, Kündigungshilfe geleistet wird, gegen die aufsichtsbehördlichen Bestimmungen über Wartezeiten verstoßen wird oder die Werbung mit Beitragsrückerstattung nicht in zulässiger Weise erfolgt (Ziffer 67 Wettbewerbsrichtlinien). Das Verfahren ist für die Lebensversicherung in den Ziffern 51 und 52 und für die Krankenversicherung in den Ziffern 68—70 der Wettbewerbsrichtlinien im einzelnen geregelt.

Der Vollständigkeit halber ist darauf hinzuweisen, daß Ausspannungen auch nach den „Grundsätzen zur Errechnung der Höhe des Ausgleichsanspruchs (§ 89b HGB)" untersagt sind (vgl. jeweils Ziffer VII der „Grundsätze ... Sach, Leben und Kranken", bestätigt durch OLG Köln, VW 1981, S. 1067; ebenso Ziffer VIII der „Grundsätze ..." im Bausparbereich).

IV. Rechtsbruch

Unlauterer Wettbewerb durch rechtswidriges Verhalten ist uns unter anderem Blickwinkel bereits bei der Ausspannung und der Preisunterbietung begegnet. Beides waren Einzelfälle einer typischen Wettbewerbswidrigkeit, deren Tatbestand allerdings differenzierter ist, als es dort erschien.

1. Vorsprung durch Gesetzesverletzung

Nicht jede gesetzeswidrige Wettbewerbshandlung ist zugleich wettbewerbswidrig. Diese Rechtsfolge tritt vielmehr, soweit nicht die Vorschriften des UWG selbst verletzt werden, nur bei Verletzung solcher Normen ein, die unmittelbar den Wettbewerb betreffen, wie z. B. die gesetzlichen Wettbewerbsverbote für Handlungsgehilfen, Vertreter und technische Angestellte, für Gesellschafter einer offenen Handelsgesellschaft oder Kommanditgesellschaft und für Vorstandsmitglieder einer Aktiengesellschaft. Das gleiche gilt bei Verletzung solcher Vorschriften, die eine gerade für den Wettbewerb erhebliche sittliche Wertung zur Geltung bringen, wie z. B. das Wucherverbot des § 138 Abs. 2 BGB, oder die den Schutz bestimmter Personengruppen vor dem Wettbewerb anderer bezwecken, wie z. B. Artikel I, 1 des Gesetzes zur Verhütung von Mißbräuchen auf dem Gebiet der Rechtsberatung (vgl. dazu BGH vom 05.02.1987, BB 1987, S. 1909) und das Gesetz über den Widerruf von Haustürgeschäften, das jedoch auf den Abschluß von Versicherungsverträgen nicht anwendbar ist. Bei allen anderen Vorschriften – und dazu gehören ungeachtet ihrer Bedeutung für den Wettbewerb alle gewerbepolizeilichen Vorschriften, wie z. B. das Ladenschlußgesetz, die Heilmittelwerbeverordnung, die Preisauszeichnungsverordnung oder das Gesetz für den Verkehr mit Lebensmitteln – ist der Gesetzesverstoß wettbewerbsrechtlich irrelevant, es sei denn, es treten besondere Umstände hinzu, die den Rechtsbruch zugleich auch als unlautere Wettbewerbshandlung erscheinen lassen. Das ist insbesondere dann der Fall, wenn ein Wettbewerber bewußt darauf ausgeht, sich durch Rechtsbruch einen Vorsprung vor den gesetzestreuen Mitbewerbern zu verschaffen, wofür jeder wie auch immer geartete Versuch zur Verbesserung der eigenen Lage genügt.

2. Vorsprung durch Vertragsbruch

Die Nichterfüllung eines Vertrages ist regelmäßig nicht sittenwidrig. Diese in den Vorschriften des Bürgerlichen Gesetzbuches über die Folgen der Nichterfüllung zum Ausdruck gekommene Rechtsauffassung gilt auch für das Wettbewerbsrecht. Ein Vertragsbruch kann deshalb nur auf Grund der besonderen Umstände des Einzelfalles unlauterer Wettbewerb sein. Insbesondere setzt sich dem Vorwurf der Unlauterkeit aus, wer sich über die Verträgstreue seiner Mitbewerber hinwegsetzt, um sich einen unverdienten Vorsprung vor ihnen zu verschaffen. Ferner gehören in diesen Zusammenhang die Verletzungen vertraglicher Wettbewerbsverbote, wie sie mit Handlungsgehilfen, Vertretern oder Geschäftsführern einer offenen Handelsgesellschaft oder Kommanditgesellschaft für die Zeit nach Beendigung des Vertragsverhältnisses vereinbart werden können.

V. Marktstörung

Wie bereits ausgeführt (vgl. oben A.V), hat sich das UWG über den Schutz einzelner Mitbewerber hinaus zu einer sozialen Schutzfunktion hinaus entwickelt, es schützt also das Interesse der Allgemeinheit an einem funktionsfähigen Wettbewerb. Damit ist Wettbewerbsverhalten zugleich Marktverhalten (*Baumbach – Hefermehl,* a.a.O., § 1 UWG Rdnr 832). Nicht jede Beeinflussung des Marktes ist jedoch wettbewerbswidrige Störung des Marktes. Eine solche liegt vielmehr nur dann vor, wenn „*ein Unternehmen nicht leistungsgerechte Mittel einsetzt, die geeignet sind, den Wettbewerb auf einem bestimmten Markt durch Beeinträchtigung der Freiheit von Angebot und Nachfrage zu verfälschen, so daß sich die bessere Leistung auf dem Markt nicht mehr durchsetzen kann und der Bestand des Wettbewerbs gefährdet wird" (Baumbach – Hefermehl,* a. a. O., Einleitung UWG Rdnr 165). Eine Gefährdung des Wettbewerbs soll z. B. durch das Verbot von § 26 Abs. 2 GWB verhindert werden, wonach marktbeherrschende Unternehmen[18] „*ein anderes Unternehmen in einem Geschäftsverkehr, der gleichartigen Unternehmen üblicherweise zugänglich ist, weder unmittelbar noch mittelbar unbillig behindern oder ohne sachlich gerechtfertigten Grund unmittelbar oder mittelbar unterschiedlich behandeln"* dürfen. Eine solche unbillige Behinderung kann zugleich einen Verstoß gegen § 1 UWG darstellen, wenn nämlich die eingesetzten Mittel und Methoden geeignet sind, den Leistungswettbewerb erheblich zu stören. Unzulässig ist auch die massenweise kostenlose Zurverfügungstellung von Originalwaren (nicht Warenproben). Die Marktstörung kann aber auch durch den Mißbrauch wirtschaftlicher Macht erfolgen oder in Preiskampfmethoden liegen, wenn etwa bestimmten Waren dauernd unter dem Selbstkostenpreis verkauft werden und dadurch der Wettbewerb auf dem Markt aufgehoben wird.

C. Wettbewerbsschutz

Der Umfang des wettbewerblichen Rechtsschutzes wird durch die bei unlauterem Wettbewerb bestehenden Ansprüche bestimmt.

I. Der Abwehranspruch

Wer gegen die §§ 1–12 UWG verstößt, kann von jedem Mitbewerber auf Unterlassung in Anspruch genommen werden (§§ 1, 13 Abs. 1 UWG oder § 1004 BGB). Außerdem können die Mitbewerber Beseitigung der Störung verlangen. Das UWG erwähnt den Beseitigungsanspruch zwar nicht; er ergibt sich jedoch aus dem Zweck des Unterlassungsanspruchs, künftige Wiederholungen des Wettbewerbsverstoßes zu verhindern, wenn hierfür ein schutzwürdiges Interesse besteht; denn die bloße Verpflichtung des Wettbewerbers, die beanstandete Wettbewerbshandlung zu unterlassen, bietet keinen ausreichenden Schutz, solange die ursprüngliche Störungsquelle, z. B. eine irreführende Werbung, nicht aus der Welt geschafft ist.

18 Vgl. RLV. VII. C.I.8d

Voraussetzung des Unterlassungsanspruchs ist einmal die Rechtswidrigkeit der Wettbewerbshandlung und zum anderen die Wiederholungsgefahr. Wann eine Wettbewerbshandlung rechtswidrig ist, ergeben die einzelnen Tatbestände, von denen wir die wichtigsten vorstehend erörtert haben. Wiederholungsgefahr besteht, wenn die Wettbewerbshandlung eine fortdauernde Störung verursacht.

Der Unterlassungsanspruch steht jedem Mitbewerber zu, der durch den Wettbewerbsverstoß unmittelbar betroffen ist. Da Wettbewerbsverstöße in der Regel über den Kreis der unmittelbar betroffenen Mitbewerber hinauswirken, hat der Gesetzgeber den Anspruch darüber hinaus

- allen Gewerbetreibenden gegeben, die Waren oder Leistungen gleicher oder verwandter Art herstellen oder in den Verkehr bringen,
- den rechtsfähigen Verbänden eingeräumt, die nach ihrer Satzung und Tätigkeit der Förderung gewerblicher Interessen dienen, wie z. B. der Gesamtverband der Deutschen Versicherungswirtschaft oder der Bundesverband Deutscher Versicherungskaufleute.

  Allerdings muß der Verband durch den Wettbewerbsverstoß verletzt sein, was der Fall ist, wenn der Verstoß in den satzungsmäßigen Interessenbereich des Verbandes eingreift (vgl. hierzu oben A.V.),
- ferner den rechtsfähigen Verbänden, zu deren satzungsgemäßen Aufgaben es gehört, die Interessen der Verbraucher durch Aufklärung und Beratung wahrzunehmen, soweit wesentliche Belange der Verbraucher berührt werden, sowie
- den Industrie- und Handelskammern oder den Handwerkskammern.

II. Der Widerrufsanspruch

Ein Sonderfall des Abwehranspruchs ist der Anspruch auf Widerruf ehrkränkender oder kreditschädigender Äußerungen analog § 1004 BGB. Er setzt lediglich eine objektiv unwahre oder nicht erweislich wahre Behauptung voraus, die den Ruf des Verletzten fortwirkend beeinträchtigt. Der Widerruf ist jedoch nur zulässig, wenn er zur Beseitigung des Störungszustandes notwendig und geeignet ist. Er darf nicht zur Demütigung des Verletzers führen. Bei Ehrkränkungen unter vier Augen, Formalbeleidigungen oder persönlichen Werturteilen scheidet er deshalb aus. In diesen Fällen ist der Verletzte auf den strafrechtlichen Schutz der §§ 185 ff. StGB beschränkt.

III. Der Schadenersatzanspruch

Wer schuldhaft gegen die §§ 1–12 UWG verstößt, hat dem Verletzten den durch den Verstoß entstandenen Schaden zu ersetzen (§§ 1, 13, 14, 16, 19 UWG). Der Ersatzanspruch setzt also außer der Rechtswidrigkeit (Sittenwidrigkeit) des Verstoßes vorsätzliches oder fahrlässiges Handeln des Verletzers voraus.

Ebenso wie der Unterlassungsanspruch auf die nicht auf das Wettbewerbsverhältnis beschränkte und deshalb umfassendere Vorschrift des § 1004 BGB gestützt werden kann, können auch hier neben den Vorschriften des UWG die allgemeinen Bestimmungen der §§ 823, 824, 826 BGB aus dem Recht der unerlaubten Handlung als weitere Anspruchsgrundlage herangezogen werden. Da Wettbewerbsverstöße oft zugleich einen unmittelbaren Eingriff in das Recht am eingerichteten und ausgeübten Gewerbebetrieb darstellen, das den durch § 823 Abs. 1 BGB geschützten absoluten Rechten gleicherachtet wird, bietet sich vielfach vor allem diese Vorschrift als weitere Grundlage eines wettbewerblichen Schadenersatzanspruchs an.

Art und Umfang der Ersatzpflicht bestimmen die §§ 249 ff. BGB. Danach hat der Ersatzpflichtige den Zustand herzustellen, der bestehen würde, wenn der zum Ersatz verpflichtende Umstand nicht eingetreten wäre (Naturalrestitution). Ist die Wiederherstellung in Natur nicht möglich oder unzureichend, hat der Ersatzpflichtige Entschädigung in Geld zu leisten. Zu ersetzen ist der gesamte Schaden, und dazu gehört jede unfreiwillig erlittene Beeinträchtigung der Vermögenslage. Diese kann in der Minderung des vorhandenen Vermögens (positiver Schaden) bestehen oder in der Vereitelung einer Vermögensvermehrung (entgangener Gewinn). Außerdem kann der Geschädigte – das ist eine wettbewerbsrechtliche Besonderheit – Herausgabe des durch den Wettbewerbsverstoß erzielten Reingewinns verlangen, selbst wenn er ihn nicht hätte erzielen können. Diesen Anspruch hat die Rechtsprechung unter dem Gesichtspunkt des Schadenersatzes durch entsprechende Anwendung der §§ 687 Abs. 2 und 667 BGB entwickelt, wonach derjenige, der ein Geschäft eines anderen als sein eigenes besorgt, obwohl er weiß, daß er dazu nicht berechtigt ist, alles herausgeben muß, was er durch die Geschäftsbesorgung erlangt hat. Der Anspruch wird, obgleich § 687 Abs. 2 BGB Kenntnis und damit vorsätzliches Handeln voraussetzt, schon bei fahrlässigem Wettbewerbsverstoß gewährt.

Ein mitwirkendes Verschulden des Geschädigten kann hier wie auch sonst zu einer Minderung, in krassen Fällen sogar zu einem Ausschluß der Haftung des Schädigers führen (§ 254 BGB).

Das Vorliegen des haftungsbegründenden Tatbestandes und die Höhe des Schadens muß im Streitfall der Geschädigte nachweisen. Das stellt ihn gerade in Wettbewerbsstreitigkeiten vor erhebliche Schwierigkeiten. Wie soll der Geschädigte nachweisen, welche Geschäfte ihm z. B durch irreführende, vergleichende Werbung eines Konkurrenten entgangen sind? Die Beweislage wird jedoch dadurch erleichtert, daß das Gericht bei typischen Geschehensabläufen bestimmte Schlußfolgerungen nach der Lebenserfahrung ziehen darf, wenn der Schädiger keine Umstände nachweist, die den Erfahrungsschluß entkräften (Beweis des ersten Anscheins). Außerdem kann das Gericht nach § 287 ZPO sowohl die Entstehung als auch die Höhe des Schadens unter Würdigung aller Umstände nach freier Überzeugung schätzen, ohne dabei an Beweisregeln gebunden zu sein, eine Möglichkeit, von der gerade in Wettbewerbsstreitigkeiten häufig Gebrauch gemacht wird.

IV. Auskunfterteilung und Rechnungslegung

Schließlich kommt dem Geschädigten bei der Verfolgung seines Ersatzanspruchs der vom Reichsgericht aus dem Grundsatz von Treu und Glauben (§ 242 BGB) abgeleitete Anspruch auf Auskunfterteilung und Rechnungslegung zugute. Wird die Rechtsverfolgung erst durch eine Auskunft des Verpflichteten ermöglicht oder zumindest wesentlich erleichtert, so kann der Berechtigte die zur Rechtsverfolgung erforderlichen Auskünfte jedenfalls bei solchen Rechtsverhältnissen vom Verpflichteten verlangen, die ihrem Wesen nach den Berechtigten über das Bestehen und den Umgang seines Rechts entschuldbar im ungewissen lassen, während der Verpflichtete unschwer Auskunft erteilen kann. Hat der Schädiger eine mit Einnahmen und Ausgaben verbundene Verwaltung geführt, kann der Geschädigte darüber hinaus Rechnungslegung gemäß §§ 259, 260 BGB fordern und damit den Schädiger im Ergebnis zwingen, alle mit dem Wettbewerbsverstoß verbundenen Vorgänge zu offenbaren.

V. Verjährung

Der Unterlassungs- und Schadenersatzanspruch verjährt in sechs Monaten seit dem Tage, an dem der Anspruchsberechtigte Kenntnis von der Handlung und der Person des Verpflichteten erlangt hat, spätestens jedoch in drei Jahren seit Begehung der Handlung (§ 21 UWG). Dasselbe gilt, wenn es auch nicht ausdrücklich geregelt ist, für den Anspruch auf Auskunfterteilung und Rechnungslegung.

VI. Haftung für Dritte

Insoweit gelten die allgemeinen Vorschriften. Nach § 31 BGB haften juristische Personen für wettbewerbswidriges Verhalten ihrer Organe. Ferner hat jeder Unternehmer nach § 831 BGB für widerrechtliche Schädigungen durch seine Verrichtungsgehilfen einzustehen, wenn er nicht beweisen kann, daß er seine Verrichtungsgehilfen mit der im Verkehr erforderlichen Sorgfalt ausgewählt und überwacht hat. Lediglich für den Unterlassungsanspruch begründet § 13 Abs. 4 UWG eine weitergehende Haftung des Betriebsinhabers, indem er bestimmt, daß der Betriebsinhaber ohne Möglichkeit eines Entlastungsbeweises persönlich verantwortlich ist, wenn seine Angestellten oder Beauftragten im geschäftlichen Betrieb Handlungen vornehmen, die nach den §§ 1, 3, 4, 6 bis 6e, 7, 8 und 12 UWG unzulässig sind.

VII. Der Wettbewerbsprozeß

Der wettbewerbliche Abwehr- und Schadenersatzanspruch ist, falls der Verletzer einer außergerichtlichen Abmahnung nicht folgt, durch Klage vor den ordentlichen Gerichten geltend zu machen. Für das Verfahren gelten die Vorschriften der Zivilprozeßordnung mit Ausnahme folgender **Sonderbestimmungen**:

Für Klagen auf Grund des UWG ist örtlich ausschließlich das Gericht zuständig, in dessen Bezirk der Beklagte seine gewerbliche Niederlassung oder in Ermangelung einer solchen seinen Wohnsitz hat. Für Personen, die im Inland weder das eine noch das andere haben, ist der inländische Aufenthalt maßgebend, außerdem der Begehungsort (§ 24 UWG). Sachlich zuständig sind, sofern der Rechtsstreit in erster Instanz vor dem Landgericht zu führen ist, die Kammern für Handelssachen (§ 27 UWG, § 95 GVG). Zur Beilegung von Wettbewerbsstreitigkeiten in der gewerblichen Wirtschaft sind bei den Industrie- und Handelskammern Einigungsstellen errichtet, die, soweit sie den geschäftlichen Verkehr mit dem letzten Verbraucher betreffen, von jeder Partei, ansonsten dann angerufen werden können, wenn der Gegner zustimmt. Die Einigungsstelle hat einen gütlichen Ausgleich anzustreben (§ 27a UWG).

Kommt es jedoch zu einer Klage in einer Wettbewerbsstreitsache, so bieten §§ 23a und 23b UWG einer wirtschaftlich schwachen Partei die Möglichkeit, einen Antrag auf Herabsetzung des Streitwertes zu stellen. Voraussetzung ist, daß diese Partei glaubhaft macht, „*daß die Belastung mit den Prozeßkosten nach dem vollen Streitwert angesichts ihrer Vermögens- und Einkommenverhältnisse nicht tragbar erscheint*" bzw. „*ihre wirtschaftliche Lage erheblich gefährden würde*" und daß auf Verlangen des Gerichts gegebenenfalls nachgewiesen wird, daß die zu tragenden Gerichtskosten weder unmittelbar noch mittelbar von einem Dritten übernommen werden (§ 23b Abs. 1 S. 2 UWG). Das Gericht entscheidet über diesen Antrag nach Anhörung des Gegners durch Beschluß und richtet sich dabei nach der Wirtschaftslage des Antragstellers. Mit einer solchen Streitwertherabsetzung wird damit auch wirtschaftlich Schwächeren die Rechtsverfolgung bzw. Rechtsverteidigung in Wettbewerbsprozessen erleichtert.

Bei Urteilen auf Unterlassung kann das Gericht der obsiegenden Partei die Befugnis zusprechen, den verfügenden Teil des Urteils innerhalb einer bestimmten Frist auf Kosten der unterlegenen Partei öffentlich bekanntzumachen (§ 23 Abs. 2 UWG).

Schließlich erleichtert § 25 UWG die einstweilige Verfügung zur Sicherung von Unterlassungsansprüchen, der gerade im Wettbewerbsrecht große praktische Bedeutung zukommt, indem er den Antragsteller von der sich aus den §§ 935, 940 ZPO ergebenden Verpflichtung befreit, den Verfügungsgrund darlegen und glaubhaft machen zu müssen.

Für das Vollstreckungsverfahren gelten keine Besonderheiten. Urteile, die einer Abwehr-, insbesondere einer Unterlassungsklage stattgeben, werden nach § 890 ZPO vollstreckt, indem das Prozeßgericht des ersten Rechtszuges den Beklagten auf Antrag des Klägers für jeden Fall der Zuwiderhandlung zu einem Ordnungsgeld oder Ordnungshaft verurteilt. Urteile auf Widerruf einer Erklärung, auf Auskunfterteilung oder Rechnungslegung werden, da sie auf Vornahme einer sogenannten unvertretbaren Handlung gerichtet sind, die nur vom Verpflichteten persönlich vorgenommen werden kann, nach § 888 ZPO ebenfalls durch Festsetzung von Zwangsgeld oder Zwangshaft erzwungen. Das auf eine Schadenersatzleistung erkennende Urteil ist durch Zwangsvollstreckung in das bewegliche und unbewegliche Vermögen des Verurteilten zu vollziehen.

VIII. Strafrechtsschutz

Soweit das Wettbewerbsrecht an Wettbewerbsverstöße strafrechtliche Sanktionen knüpft, regelt sich das Verfahren nach den Vorschriften der Strafprozeßordnung. Es gilt lediglich folgende Besonderheit:

Das Gericht kann anordnen, daß die Verurteilung oder der Freispruch auf Kosten des Verurteilten bzw. der Landeskasse öffentlich bekanntzumachen sind (§ 23 UWG).

Literaturhinweise

Baumbach – Hefermehl, Wettbewerbsrecht, 16. Auflage 1990

Goldberg – Müller, Versicherungsaufsichtsgesetz, 1980

Immenga – Mestmäcker, Gesetz gegen Wettbewerbsbeschränkungen, 1981

R. Schmidt – P. Frey, Prölss Versicherungsaufsichtsgesetz, 10. Auflage 1989

Rittner, Fritz, Wirtschaftsrecht, 2. Auflage 1987

Rittner, Fritz, Wettbewerbs- und Kartellrecht, 3. Auflage 1989

Schmidt, Reimer, Zur rechtlichen Lage der Versicherungswirtschaft nach dem Gesetz gegen Wettbewerbsbeschränkungen, 1960

3. Auflage 1982 (überarbeitet 1991)

Der Gabler Verlag ist ein Unternehmen der Verlagsgruppe Bertelsmann International.

© Springer Fachmedien Wiesbaden 1992
Ursprünglich erschienen bei Betriebswirtschaftlicher Verlag Dr. th. Gabler GmbH, Wiesbaden 1992
Lektorat: Hans-Ulrich Bauer
Satz: SATZPUNKT Ewert, Braunschweig
Druck und Bindung: Lengericher Handelsdruckerei, Lengerich
Das Werk einschließlich aller seiner Teile ist urheberrechtlich geschützt. Jede Verwertung außerhalb der engen Grenzen des Urheberrechtsgesetzes ist ohne Zustimmung des Verlages unzulässig und strafbar. Das gilt insbesondere für Vervielfältigungen, Übersetzungen, Mikroverfilmung und die Einspeicherung und Verarbeitung in elektronischen Systemen.

ISBN 978-3-409-00785-6 ISBN 978-3-663-12891-5 (eBook)
DOI 10.1007/978-3-663-12891-5

848b

GPSR Compliance
The European Union's (EU) General Product Safety Regulation (GPSR) is a set of rules that requires consumer products to be safe and our obligations to ensure this.

If you have any concerns about our products, you can contact us on

ProductSafety@springernature.com

In case Publisher is established outside the EU, the EU authorized representative is:

Springer Nature Customer Service Center GmbH
Europaplatz 3
69115 Heidelberg, Germany

www.ingramcontent.com/pod-product-compliance
Ingram Content Group UK Ltd.
Pitfield, Milton Keynes, MK11 3LW, UK
UKHW021501031026
15588UKWH00002B/950
9783409007856